ROSEMARY WELLS

CLAVES PARA QUE LOS HIJOS SUPEREN EL DIVORCIO DE SUS PADRES

longseller

ROSEMARY WELLS

CLAVES PARA QUE LOS HIJOS SUPEREN EL DIVORCIO DE SUS PADRES

longseller

Título original: Helping children cope with divorce
Traducción: Leandro Wolfson
Corrección: Delia N. Arrizabalaga

© 1992 Sheldon Press, SPCK, Marylebone Road, London NW1 4DU

© 1999 ERREPAR S.A.

Avda. San Juan 960 - (1147) Buenos Aires - República Argentina
Tel.: 4300-0549 - 4300-5142 - Fax: (5411) 4307-9541 - (5411) 4300-0951
Internet: www.errepar.com
E-mail: libros@errepar.com

ISBN 950-739-732-9

Queda hecho el depósito que marca la ley 11723

Impreso y hecho en la Argentina
Printed in Argentina

Esta edición se terminó de imprimir en los
talleres de Errepar, en Buenos Aires, República Argentina,
en el mes de diciembre de 1999.

1

VIVIR EN UN HOGAR INFELIZ

Madre: *Mi divorcio no tiene nada que ver contigo.*
Hija (11 años): *Tiene todo que ver conmigo.*

Cuando a los niños se les da oportunidad para que opinen, ellos desean que sus padres permanezcan juntos. Muchos harían cualquier cosa para asegurarse de que eso sucediera.

Aun entre expertos, hay gran disenso acerca de la magnitud del efecto que la separación de los padres puede tener en el desarrollo del niño. Algunos argumentan que crecer dentro de un matrimonio infeliz es más perjudicial que la experiencia de la separación. Otros creen vehementemente lo contrario. Aunque en su mayoría, ambos puntos de vista corresponden a grupos minoritarios que se mueven en el ámbito de las clínicas psiquiátricas o de asesorías para la infancia, los casos que citan confirman sus conclusiones. Es una discusión que nunca podrá ser adecuadamente resuelta. Cada familia es única.

Sin lugar a dudas, en algunas familias, los hijos pueden sufrir menos por el divorcio que por el matrimonio: por ejemplo, cuando un padre es violento o abusador, tal vez alcohólico o drogadicto. En otras familias, uno de los progenitores (por lo común, el padre) está permanentemente lejos del hogar, debido al trabajo, o muestra total desinterés por sus hijos. En estos casos, si el otro progenitor puede continuar dando a los hijos tanta seguridad mental, emocional y social como tenían hasta el momento, tal vez el divorcio no les haga peor que el matrimonio.

5

Pero si la crianza y las necesidades de los niños son puestas en segundo lugar, o no son tomadas en cuenta, será más satisfactorio que todo quede como está: el cambio en sí puede ser causa de tensión extrema.

Escuchar a los niños

Para mí, la encuesta más significativa, si bien pequeña, llevada a cabo por Thames Televisión en Londres, realizó un hallazgo que ninguno de nosotros debe ignorar. Después de *escuchar* hablar a los *niños*, esta encuesta concluyó en una opinión unánime. Sus hogares estaban lejos de ser felices en el sentido aceptado. Muchos de ellos estaban agobiados por amargas peleas físicas o verbales y la mayoría de los niños eran víctimas de descuido. Pero con una sola excepción, los niños sentían que sus familias hubieran sido más felices si sus padres *no* se hubieran separado.

Este hecho, de por sí debería persuadir a los adultos y padres a reconsiderar la vieja presunción de que *ellos* saben qué es mejor para los niños. Muchos padres cuidadosos y atentos acomodan sus acciones considerando "los intereses de la familia", creyendo genuinamente que están cumpliendo con sus deberes de padres con amor y sentido común.

Los trabajadores sociales, cuya experiencia en asesoramiento debería alertarlos acerca de las necesidades del niño, aun tienden a tomar decisiones a partir del siguiente supuesto: "Sabemos qué es lo mejor para el niño". Tales decisiones pueden causar estragos en la vida del niño, a menudo con un efecto muy duradero. Una enfermera de distrito le dice a un niño de siete años: *"Te ves un poco triste hoy, Pete"*, y recibe una respuesta indignada: *"Por supuesto que lo estoy, mi mamá y mi papá ya no viven juntos"*.

Hogar dulce hogar

Tal vez los niños se rebelen en contra de la disciplina, y aun antes de la adolescencia comiencen a rechazar la autoridad de los padres, pero aprecian realmente la estabilidad de un hogar.

Por desgracia, están aquellos para quienes el divorcio de sus padres, estén o no casados, tiene poco peso porque de cualquier modo sus hogares son muy caóticos. Paddy y Brian eran castigados por pelearse, pero noche tras noche escuchaban que sus padres tenían violentas peleas, arrojaban cosas y "se comportaban como niños".

Es fácil deducir que tales hogares son destructivos para el desarrollo emocional del niño. Sin embargo, la mayoría de los jovencitos se acostumbran a su propio hogar: *saben* que papá se enoja cuando ha bebido, *saben* que a menudo mamá está afuera cuando regresan del colegio; se *acostumbran* a que sus padres sólo hablen por intermedio de sus hijos..... ese es su hogar. Unicamente si papá amenaza con irse o mamá habla de abandonarlos, la verdadera seguridad se pone en jaque. Al parecer, entonces es cuando comienza la angustia.

Sam, de ocho años, dijo: *"Mis padres se gritaban y mamá lloraba, papá se iba en su camión. Yo tenía miedo de que chocara y nos dejase a mamá y a mí solos"*. No percibió indicio alguno de que pudieran separarse: cuando esto ocurrió, quedó destrozado. *"Bueno, un hogar no es una familia si no hay una mamá y un papá, ¿o sí?"*

No solamente en hogares violentos los niños se confunden. La casa de Kate y Andy estaba en un "buen" barrio, con todos los objetos materiales que necesitaban para vivir confortablemente. *"Tal vez para aquella época —los años setenta— nosotros éramos unos niños ingenuos"*, dice Kate. *"Papá estaba lejos tan a menudo que no nos parecía extraño que mamá invitara a otros hombres a la casa; pero cuando se*

7

separaron fue como una muerte repentina". Para mí, eso es tan triste como lo es una familia que se pelea constantemente, lo opuesto al amor no es el odio sino la indiferencia.

En cualquiera de estas situaciones, la mayoría de los niños sufre. La prioridad vital, para todos aquellos que estén al cuidado de los niños es asegurar que este sufrimiento sea reconocido y aliviado. Esto depende en gran medida de las relaciones que se den dentro de una familia. La decisión que se tome para una familia, probablemente no será adecuada para otra.

Dos muchachos adolescentes me dijeron: *"Si papá nos hubiese dejado hace años, todos nos hubiésemos tranquilizado. No ha hablado con mi madre por años, y con frecuencia ella intentó tomar dosis excesivas de medicamentos. Ahora ella es una persona distinta".*

Infidelidad

Una de las causas fundamentales de divorcio es a menudo la infidelidad de uno u otro miembro de la pareja. Para los hijos, darse cuenta de que sus padres no son perfectos, a menudo es abrumadoramente triste, e incluso acarrea efectos traumáticos.

Jill tenía quince años cuando su padre tuvo una relación con una chica de veinte. La madre le contó a Jill todos los detalles sórdidos:

"Mi hermana y yo amábamos a papá; la idea de que él saliera con una chica joven era horrible. Nos sentíamos algo así como defraudados y enojados con mamá porque leía las cartas de papá y por ser tan vengativa. En el momento en que se separaron no podíamos respetar a ninguno de los dos".

Gwen tenía sólo ocho años cuando encontró a su madre en la cama con un vecino:

"Fui a mi cuarto y lloré durante horas, sin saber muy bien por qué. En la cena mamá no dijo una palabra, por lo tanto, yo tampoco dije nada. Pero pocas semanas después papá se fue, y durante años odié a mamá porque pensaba que todo era culpa suya. Nunca hablamos de eso y ella nunca volvió a casarse".

No hay muchos matrimonios que sobrevivan a estas circunstancias, y pocas veces se les da explicaciones a los niños. *"Es obvio, ¿no?",* dijo un joven padre cuya esposa se había ido con su mejor amigo. Pero para un niño esto requiere una cuidadosa conversación: necesita una oportunidad para manifestar sus pensamientos, sus miedos, que pueden ser aun peores que la realidad. Los adultos nunca deben *dar por sentado* que el niño juzgó correctamente la situación. Sus percepciones varían ampliamente, según la edad y la inteligencia.

Mamá y papá por siempre

Otra cuestión respecto de la cual algunos expertos han presentado puntos de vista opuestos es si los hijos se benefician al continuar en contacto con ambos padres. Algunos argumentan que las visitas semanales, los viajes de vacaciones, con el padre que no tiene la custodia, son perturbadores; plantean una interrupción en el proceso de "olvidar" al padre con quien no conviven.

Un importante mensaje de los hijos desecha estas teorías: *todos* ellos quieren desesperadamente una relación *continua* con ambos padres:

"Si no me dejan ver a mi papá, preferiría que se hubiera muerto. Entonces podría visitar su tumba. El es mi papá para siempre".

Si aparecen padrastros o madrastras en escena, los hijos sienten lo mismo, tal vez con mayor intensidad. Nadie puede

9

tomar el lugar de tu madre o tu padre (Capítulo 7). Graham dio un verdadero grito de desesperación cuando su padre se mudó: *"¡Debe vivir en casa, es mi papá!"*

Hay casos trágicos, únicos, en que un padre abandona la casa familiar en circunstancias excepcionales. Pero la mayoría de los expertos confirman ahora que el contacto frecuente con ambos padres, libre de tensiones, no sólo minimiza la pérdida, sino que también "ayuda profundamente" a que el hijo se adapte al divorcio.

El divorcio como una pérdida grave

La principal diferencia entre el divorcio y la muerte es que durante el período de divorcio no hay un "tiempo definido de pérdida" como sí lo hay en la muerte. Los angustiosos momentos anteriores, simultáneos y posteriores a los procedimientos de divorcio son en verdad muy largos, por lo tanto, es más difícil aseverar cuándo un hijo comienza a "aceptarlo". Están confundidos, a veces sin saber a cuál de los padres van a perder. Su mundo se hizo añicos, pero todas las personas pertenecientes a él aún están vivas. Por esta razón, todo puede tornarse más exigente y difícil para ser manejado, al mismo tiempo que despierta menos compasión que la muerte.

Después de una u otra pérdida, hay peligro de que el niño fantasee acerca de su padre perdido. Un padre muerto puede ser idealizado, convertirse en una figura irreal como la de un santo. Después del divorcio, el padre ausente puede ser concebido como un ogro, una persona malvada. Ambas fantasías deben ser desechadas: los hijos necesitan la verdad, recuerdos felices y contactos realistas.

Aferrarse a un sueño

Las consecuencias no son obvias al principio: por un lado, ya que sus padres están vivos, el hijo a menudo sentirá que hay una oportunidad de que puedan volver a estar juntos. Aun después de que se casen nuevamente, los hijos se aferran al sueño de que la vida vuelva a su estado original: la familia completa. Todo esto forma parte de la "negación" de lo que ha ocurrido. Incluso, hace que la aceptación se vuelva más difícil. La sentencia final tal vez sea un punto crítico para los *padres*, pero no para los *hijos*. Ellos no se están divorciando. Están tratando de resolver el problema de encontrar el camino para amar y ser amados por dos padres que ya no se aman entre sí.

Reacciones frente a la pérdida

La pena causada por el divorcio es diferente a la que sigue a la muerte, pero hay mucha similitud entre las dos clases de pérdida. En gran medida, los hijos sienten las mismas emociones: conmoción y negación, enojo, profundo dolor y culpa. Además está el sentimiento de traición; habiendo perdido a un adulto en quien confiaban, se sienten manipulados y temerosos de sufrir otra pérdida. A menudo esto ocasiona comportamiento agresivo.

Mucho depende de la edad de los hijos. Entre los tres y los cinco años no pueden expresar adecuadamente sus sentimientos de temor, perplejidad y a menudo culpa, y tal vez aparezcan comportamientos regresivos: chuparse el dedo, apegarse al progenitor que tiene la custodia, mojar la cama, a veces rechazar la comida sólida.

Los niños de seis a ocho años responden de manera casi idéntica a cuando están muy apenados; lloran, sollozan y manifiestan los signos trágicos de añoranza y búsqueda del progenitor "perdido".

De nueve a doce, se revela más el enojo. Tal vez muestren hostilidad con uno u otro padre, o con ambos, albergando odio hacia el progenitor que ellos consideran responsable del divorcio o hacia la madrastra, padrastro o maestro que aparece justificando esa terrible separación.

Abatidos por la impotencia de su situación, muchos intentan reconciliar a sus padres. Se vuelven intensamente activos. En un patio de recreo se alcanzó a oír lo siguiente: *"Si uno de nosotros fuese raptado, o si ocurriese un accidente de autos, entonces mamá y papá se reconciliarían, como pasa en las películas"*. Esta es una edad en la que pueden manifestarse enfermedades psicosomáticas.

Los adolescentes pueden ser sorpresivamente sofisticados en sus reacciones y expresar su enojo dramáticamente, ya sea negándose a ver a uno u otro progenitor, o recurriendo a la violencia física y al mismo tiempo mostrando severos signos de confusión mental en su trabajo escolar. Los adolescentes más jóvenes puede que se sientan avergonzados por el divorcio, de modo que tal vez no acudan a las clases, para no tener que contarles a sus amigos. Advertir repentinamente la sexualidad de sus padres en un momento en que los adolescentes mayores están ocupados ellos mismos con sus relaciones experimentales, debilita la confianza en la estabilidad parental. Sienten que no son amados y eso duele. Muchos acusarán abiertamente a sus padres de conducta inmoral.

Otros adquirirán mayor responsabilidad que la esperada para su edad e incrementarán su madurez e independencia.

Perder a un progenitor

La pérdida de un progenitor es traumática, sobre todo si se trata de la madre. Muchos psiquiatras se refieren al amor de la madre en la primera infancia como algo tan importante para la salud mental como lo son las vitaminas para el bienestar físico. Sin embargo, no hay prueba de que un padre no pueda satisfacer estas necesidades y educar a su familia igualmente bien: en muchos casos en que la madre sale a trabajar, los roles de los padres se invierten, esto ocurre muy a menudo. Es frecuente que los viudos mantengan una relación tan cercana con sus hijos como lo hacen las viudas. La sociedad está cambiando sus viejas actitudes y el padre es considerado no sólo proveedor de seguridad financiera sino también de cuidado amoroso continuo. Algunas investigaciones recientes lo comprueban: *"Los padres solos no tienen menos éxito que las madres solas"*.

Muchas parejas, ciertamente, se embarcan en la paternidad sin más elementos que haber sido hijos ellos mismos. Para ellos tener incluso un solo hijo es una responsabilidad abrumadora. Cuando comienzan los problemas matrimoniales, no pueden darles solución y tampoco pueden arreglárselas con el niño, y es al niño a quien ignoran.

Paula, de cinco años, fue llevada a una clínica por tener conducta agresiva. *"Deliberadamente cortó sus sábanas y cortinas, hasta rompió mi mejor vajilla"*. Su madre estaba desesperada: *"¡Paula heredó tendencias violentas de su padre!"*. La clínica descubrió que su padre era violento, pero solamente cuando su madre tenía aventuras con un hombre más joven. Había tanta tensión en aquella familia, mucho antes de la separación, que la niñita estaba desahogando su angustia y su necesidad de atención. A menudo las acciones explican más que las palabras y esta madre no tenía idea de que *su propio* comportamiento estaba afectando a su hija.

En esta fase, muchos padres no se dan cuenta de que el divorcio es para ellos una situación a largo plazo: significa que legalmente ya no son más marido y mujer, pero con pocas excepciones extremas, aún son padre y madre por el resto de sus vidas. En la actualidad, los asesores no siempre aconsejan a las parejas que permanezcan juntos, pero sí les aconsejan que sigan siendo padres, no sólo en los papeles sino compartiendo esta responsabilidad de por vida. *"No dejarás de ser padre por vivir separado"*, se le dijo a un hombre.

Los niños deben ser consultados

Mediante conversaciones con los niños, la encuesta de Thames Televisión concluyó que la circunstancia más destacable era que los padres raramente hablaban con ellos, los hacían participar o les permitían intervenir en las discusiones familiares. Todos los niños con quienes he hablado quieren saber qué está pasando y sentir que sus padres respetan sus deseos y reconocen sus necesidades.

Un niño puede percibir que las cosas no andan bien. Las fantasías y las angustias se acumularán en sus jóvenes mentes y eso puede causar mucho más daño que oír la verdad.

La relación entre los padres y los hijos

Tradicionalmente, esta relación está cargada de dificultad, pero si se puede construir un fuerte hábito de comunicación entre todos los miembros de la familia —con franqueza y apertura, desde los primeros años del hijo— escuchando y hablando acerca de las experiencias vividas, todo esto los ayudará en tiempos de crisis. Y el divorcio es una crisis, tal vez la más devastadora de todas las que un niño tenga que enfrentar.

Lo que los jovencitos tengan que decir quizás sea molesto y lastime a sus padres, pero es mucho más inteligente y más seguro que reprimir toda la emoción dentro de ellos.

La rutina familiar

Reinará el sentimiento de que la casa familiar se ha vuelto caótica, aunque nada haya cambiado físicamente. Por lo tanto es importante conservar las rutinas: que las comidas y los horarios de acostarse queden igual que siempre; y que continúen las reuniones para actividades escolares y las invitaciones a amigos para jugar. Que haya bienestar en lo familiar.

Estar preparados para reacciones conflictivas

No importa cuán cuidadosamente y con cuánta prolijidad te las ingenies para manejar tu casa, los niños pueden estar agresivos, poco colaboradores y exigentes. Saben que algo desagradable, que les da miedo, está a punto de ocurrir, y que cambiarlo está más allá de sus posibilidades. ¿Cómo pueden impedirlo? Los únicos caminos que conocen son hacer de cuenta que esto no pasará y negarse a escuchar o hablar de eso; o si no, causar tanta irritación y molestia como para que tal vez no se hable más del divorcio. Por el contrario, algunos niños parecen insensibles o completamente desinteresados. Pueden estar ocultando una profunda tristeza. Hay tantas percepciones y reacciones como hay niños.

Buscar ayuda

Incluso en los primeros momentos de los dilatados procedimientos, no duden en buscar ayuda. Un progenitor nunca debe tratar de cargar solo con todo el peso. Un buen amigo, si también él es separado, resulta de valor inestimable; al menos ofrecerá buena comprensión.

Lo mismo ocurre con los niños. Fíjate si alguno de sus amigos son también víctimas de divorcio y aliéntalos a conversar acerca de las experiencias de otras familias. Si es posible, haz que luego te lo cuenten. Tal vez oigan historias perturbadoras que no tendrán ninguna relación con tu familia, y recojan ideas que los confundan o los atemoricen aún más de lo que ya están (*"Joanna dice: Me pondrán en terapia, ¿eso*

15

no significa prisión, mami?"). Pero en muchos casos, una charla con un amigo que vivió una experiencia similar puede ser reconfortante.

Es buena idea comentar a tu doctor qué tienes intención de hacer. El podrá ofrecerte asesoramiento a ti y a tus hijos y/o decirte dónde podrás encontrar más ayuda.

Asesoramiento

Actualmente se encuentra asesoramiento con mucha más facilidad y hay grupos de autoayuda para toda clase de problema. Se están implementando organizaciones de asistencia y asesoramiento en numerosos países, además de los psiquiatras profesionales de niños y los terapeutas de familia. Las escuelas a menudo derivarán a tu hijo a un psicólogo educacional. ¿Por qué no aprovechar su idoneidad y experiencia?

Tal vez observes que, ante un trauma, cada niño de tu familia reacciona de diferente manera y sientas que la ayuda o terapia para uno diferirá de la de otro. Es entonces cuando un asesor puede darte idea de qué clase de conducta reactiva es posible esperar, cuáles de ellas son más serias y qué pueden hacer los padres y los asistentes para aliviarlas. La investigación demuestra que, por mejor que un niño parezca adaptarse, siempre hay un período de aflicción y conmoción.

Si los padres, antes o después de separarse, pueden pedir asesoramiento y manejar *juntos* algunos de los problemas de sus hijos, facilitarán el camino para que el divorcio cause el menor daño posible a la familia. Felizmente, la Ley de Hijos (de 1989), que rige en el Reino Unido ha tomado en cuenta este concepto. Antes de entrar en contacto con los tribunales pueden hacerse arreglos con respecto a los niños, y ambos padres son responsables por ellos, después del divorcio (ver Capítulo 4).

2

DECIRLES A LOS NIÑOS

Ayudar a un niño a comprender las razones de la disolución de un matrimonio, es una tarea difícil. Se la debe encarar con valor; es un acontecimiento enorme y debe ser aceptado finalmente. Al tiempo que están abrumados por sus propias emociones mezcladas, los padres deben evaluar cuánto de la verdad están en condiciones de encarar sus hijos. Normalmente, es más de lo que esperan.

Cuando hay una intensa aspereza entre los padres, se vuelve más difícil y a veces imposible, dar juntos una explicación equilibrada. Compiten por el amor de los hijos, exageran sus sentimientos de haber sido "abandonados", o critican el carácter del otro y ridiculizan sus motivos.

Los jovencitos tal vez piensen: "*¿Por qué nos tienen que arrastrar en sus desagradables peleas?*". Por otro lado, desean ser incluidos en conversaciones y decisiones. "*Nadie nos preguntó a nosotros si queríamos que mamá se fuera*".

Cuando la maestra pidió que escribiesen una composición acerca del suceso más memorable de las vacaciones, un niño de doce años escribió sobre el día en que sus padres le dijeron que se iban a divorciar. Cada uno se sentó a un lado de él y le tomó una mano. Habló su padre: "*Hijo, queremos que seas el primero en saber que mami y yo nos vamos a separar. Esto tal vez te enoje, pero es importante que recuerdes que los dos te amamos y siempre lo haremos*". El niño escribió que los ojos del padre estaban llenos de lágrimas y que la madre estaba llorando abiertamente. "*Los dos te amamos*", repitió ella. El relato del niño continuaba diciendo que sus padres tranquilamente le aclararon que su padre se iría de casa y que su madre se quedaría con él. Ambos aún estaban tomando sus manos.

"Entonces las solté", finalizaba la composición. *"¿Qué otra cosa podía hacer?"*

La maestra se conmovió con la intensa historia y ciertamente yo nunca había escuchado una descripción tan vívida del angustioso conflicto de lealtades, de la perplejidad por falta de confianza y de la soledad que el niño víctima de divorcio puede experimentar. Esa composición lo decía todo. Los padres probablemente sintieron que habían manejado bien el problema al contarle a su querido único hijo lo que sucedía, de una manera inteligente y cuidadosa. No existe una forma fácil de dar esa noticia. No hay una manera correcta.

Las relaciones familiares

Gran parte dependerá de las relaciones familiares anteriores a la separación. Si los padres pueden comunicarse con sus hijos —y esto no apunta sólo a las familias bien educadas, que pueden expresarse con propiedad (a menudo ocurre lo contrario)— entonces, cuando se presente la conversación más difícil que tengan que afrontar, podrán hacerle frente; basta con que estén allí y se ocupen.

Idealmente, cuando surgen los problemas maritales, es preferible dejar que sus hijos no sean testigos permanentes de las peleas. Sin embargo, cuando comienzan los desacuerdos graves, incluso los niños más pequeños percibirán que algo anda mal (*"Mamá ya no besa a papá cuando viene del trabajo"*). Cuando son muy pequeños, reaccionan como las mascotas cuando te estás preparando para las vacaciones: se ponen inquietos, gimotean, te siguen a todos lados y acaban por exasperarte y malhumorarte; luego se vuelven aún más caprichosos hasta que toda la familia estalla. Los niños mayores perciben rápidamente la atmósfera y se rebelan, quedándose hasta tarde a la noche, negándose a hacer la tarea, quejándose en lugar de ayudar con los quehaceres domésticos.

Está muy bien que los terapeutas aconsejen una conducta atemperada, calma y sosegada. No es fácil cuando tu matrimonio se está fragmentando día a día. Pero si los padres, durante todo este tiempo de depresión, pueden recordar que sus hijos realmente están *sufriendo*, procurarán aliviar las angustias de los hijos ayudándoles a estabilizar sus propias emociones.

Si una esposa dice permanentemente cosas poco amables acerca de su marido, los hijos comenzarán a dudar de su amor por su padre, e incluso a sentirse culpables por amarlo, cuando su madre simplemente no lo hace.

A la vez, el amor por su madre puede volverse más un deber que una emoción genuina. Aun cuando un progenitor ha sido infiel o cruel, es más conveniente evitar las palabras vengativas. Sin embargo, nunca le mientas a un hijo y le hagas creer que su papi es un santo, que sólo tuvo mala suerte y que él es maravilloso. Sólo lo confundirás, y harás que se pregunte por qué *quieres* divorciarte.

Cuando el amor se echa a perder, el progenitor tiende a advertir en el hijo todas las cosas negativas por las que culpa a su pareja. *"¡Tiene tu carácter!"*, *"¡Es tan miserable como su madre!"*. Qué penoso es para un niño escuchar estas opiniones.

Una pareja que está completamente en desacuerdo tal vez difiera en cómo y qué decirle a los hijos. Quizás uno piense "será mejor decirles lo menos posible", mientras que el otro quiera contarles hasta el último detalle. Involucrar a alguien de la familia, tal vez a un bienamado abuelo, un maestro o vecino en quien confíes, es posible que parezca una salida cobarde. Pero puede ayudar a que comience la charla familiar.

Un psiquiatra de niños afirma: *"En la medida en que su*

19

madurez emocional lo permita, un hijo que confía en sus padres, se recuperará y se adaptará a los cambios, y de este modo quedará muy protegido de futuras tensiones".

También se puede resguardar a un hijo de una conmoción, como la que Jenny de nueve años tuvo el verano pasado:

"Los niños de la casa de al lado me preguntaron cómo es cuando los padres se divorcian y yo no sabía qué me querían decir. Mamá no nos había dicho nada sobre eso".

Crear el clima adecuado

Ser muy evasivo es cruel, revelarlo todo de una sola vez es groseramente injusto y poco inteligente. *"Las próximas vacaciones te irás a vivir a Londres con mamá y un nuevo papá. ¿No es maravilloso?".* Son palabras chocantes para un hijo.

Sin información, los hijos no pueden comprender; con engañosas verdades a medias, tenderán a fantasear. Un niño puede llegar a creer que su madre lo desprecia, o que su padre no está orgulloso de él. Ante todo, se sentirá inferior porque nadie consideró que valía la pena contarle la verdad acerca de lo que estaba pasando.

Trata de no sobrecargarlos con demasiadas explicaciones, sé breve y mantén la calma, y haz que adviertan el lado optimista de las cosas: tal vez tener dos hogares les pueda resultar atractivo; tal vez haya alguna posibilidad de viajar si alguno de los padres se muda a otra ciudad; tal vez se les permita tener un perro ahora que mamá se va.

Quizás esto suene trivial, pero a los niños les agrada escuchar todos los aspectos prácticos; entonces, procura que no todas las noticias sean deprimentes. Háblales positivamente, sin enojo, tratando de infundir confianza. *"Esperemos que los arreglos que estamos pensando nos ayuden a todos". "Mamá no estará con nosotros, pero nos arreglaremos solos si realmente lo intentamos".*

Cuando hay varios niños, usualmente es mejor decirles a todos juntos, por lo que ninguno sentirá que quedó excluido de alguna explicación. Cada uno podrá hacer sus preguntas después y así, darles la oportunidad de comunicar sus preocupaciones personales. Cada niño deberá hablar con ambos padres por separado, si quiere y cuando quiera.

Tal vez nunca antes la familia en conjunto haya hablado de sus sentimientos. Explica que estás dispuesto a compartir tus ideas de persona mayor y escuchar las de los niños, mostrando que te interesan sus sentimientos.

De acuerdo con la edad del niño, tómalo en tus brazos, siéntalo en tu falda, o toma su mano. *"Mami y papi no se llevan bien. ¿Te has dado cuenta? Nos has oído discutir/pelear. Sentimos que nos perturbará a todos si seguimos viviendo en la misma casa."*

Tal vez un adolescente no desee que lo toquen. Palméale el hombro; el hecho de que estés ahí puede darle la tranquilidad de que te preocupas y de que no lo dejarás, eso es lo que importa. Si has mantenido las cosas en secreto hasta el momento, habrá algunas que los adolescentes no habrán comprendido del todo y debes ayudarlos: *"Me pregunto si has sospechado algo"*, les demostrará que aprecias su inteligencia.

El momento es importante. Nunca elijas la hora de ir a la cama, tal vez parezca íntima y apacible, pero ¿podrá dormir? Tampoco es buen momento justo antes de salir, o cuando comienza un nuevo período escolar.

Philippa, a los quince años, estaba a punto de dar exámenes, y dos días antes del primero, sus padres pidieron ver a la directora. *"Estamos por divorciarnos, nos gustaría que usted se lo dijera a Philippa"*, fue el primer comentario del padre. Horrorizada, la directora intentó explicarles, delicadamente, que cualquier hija preferiría escuchar de sus padres semejante noticia. *"¿Ella sabe que están pensando en dar ese paso?" "No"* —respondió la madre—. *"No queremos trastornarla"*. Obviamente, sus padres no comprendían de qué manera esta noticia podía afectar a su hija y sólo la psicóloga educacional pudo convencerlos: *"Su hija tiene que poder confiar en ustedes. Deben ayudarla a que no pierda sus sentimientos de valoración personal, ya que seguramente se sentirá rechazada y herida; deben hacer todo lo posible para levantar su autoestima y mostrarle el amor que le tienen"*.

En un alto porcentaje de familias, un progenitor simplemente sale o desaparece, dejando que sea su cónyuge el que dé la noticia. Nuevamente, nunca supongas que los hijos adivinan, tal vez sospechen, pero es necesario que se les cuente.

No esperes una charla apacible. *"No te creo, mamá. ¡Papá me lo hubiera dicho!"*

Barney, de ocho años, preguntó: *"¿Por qué se fue?"*. Su abuela tuvo que ayudar a la perturbada madre a responder: *"Tal vez quiera que hagamos una nueva vida, sé que no quiere abandonarte. Estoy segura de que pronto nos escribirá o nos telefoneará"*.

Qué decirles a los hijos

Ante todo, diles la verdad. Nunca digas, por ejemplo, *"Nada cambiará"*. No es *así*.

"Papá dijo que mamá estaba de vacaciones, pero nosotros sabíamos que nunca se hubiese ido sin decírnoslo." Tom y Michael *sabían* que el papá les estaba mintiendo, y sin embargo jamás se atrevieron a preguntarle cuál era la verdad. *"Una vez tuve una pesadilla en la que ella se había muerto"* —dijo Tom de nueve años.

Usualmente, la verdad es desagradable, y muchos padres se bloquean. Mandy, de quince años, contó que su padre la llamó por teléfono para decirle que se había ido de casa. *"Simplemente colgué, no pude hablar"*.

Los hijos desean saber la verdad. Algunos de ellos, tal vez se tapen los oídos al escucharla; muchos se ponen furiosos; otros lloran. Y cuidado si no hay ninguna reacción en absoluto, puede permanecer latente por varios meses.

Por desgracia, aquellos padres cuya confianza mutua se ha desmoronado, cuentan amargas y ficcionales historias a sus familias:

"Papá nos dijo que se tuvo que ir a Estados Unidos de América por negocios y que mamá no quiso ir con él. Mamá dijo que perdió su empleo y que era tan haragán que ella lo rechazó. Nunca supimos quién decía la verdad".

A veces, un progenitor, en medio de una gran confusión dice más de lo que tenía la intención de decir. Un padre, molesto por las lágrimas de sus hijos, se encontró diciendo que la madre era cruel y que no los amaba. Luego, se arrepintió y pudo volver a hablar con los niños: *"Mamá ya no me ama más a mí, pero a ustedes, sus hijos, los ama muchísimo"*. Los hijos advierten la sinceridad cuando la oyen, y responden cuando un adulto "confiesa" un error tonto. Sienten que fueron tratados como gente inteligente, no como bebés que no piensan.

Ayudar a una familia

A veces un amigo puede ayudar, puede confirmar a los hijos los verdaderos sentimientos de los padres hacia ellos y brindar tranquilidad a los jovencitos, acerca de que sus problemas y preocupaciones están siendo considerados. Es un mensaje difícil de transmitir, cuando el hecho de que los padres se están separando es algo que ninguno de los hijos quiere que pase.

Es difícil hablar acerca de sentimientos dolorosos, y para un niño no es fácil describirlos. *"Sólo sé que duele"*.

Nadie puede *manipular* los sentimientos de un niño, pero es bueno cuando un adulto, con cuidado y paciencia, puede ayudarlos a que los exterioricen. Estos pueden ser incomprensibles y especialmente hirientes para los padres, pero nunca digas: *"No deberías estar sintiendo esto"*, o como hacen muchos adultos: *"Realmente no sientes eso, ¿no?"*. Si un niño dice que siente algo es porque realmente lo siente. Si puedes reconocer este sentimiento y mostrar que te interesas por él, lo aliviarás enormemente.

Cuando un padre es —usando por supuesto, un vocablo obsoleto— la parte "culpable", alguien de afuera conocido y de confianza puede ayudar a dar la noticia. El progenitor que asume la responsabilidad, la culpa (en casos de infidelidad o conducta violenta o delictiva), a menudo no quiere decírselo a los hijos. Más allá de su propia vergüenza, experimentará culpa por la infelicidad que siente, que vivirá en el futuro y que hará sentir a sus hijos. Los decepcionó y teme admitir su fracaso en el matrimonio. Pero en la mayoría de los casos, querrá permanecer en contacto con sus hijos:

"Papá no quiso hablar con nosotros y pidió al tío que nos dijera que mamá consiguió una orden judicial para que papá no viva más con nosotros. Amo a papá y no sé por qué no podemos hablar con él. ¿Por qué no nos puede decir él mismo lo que hizo?"

Chris quería que fuera su padre el que le dijera la verdad, aunque ya sabía que su madre era desdichada. ¿Cómo alguien pudo pensar que cambiarían sus sentimientos hacia su papá?

Al fin me liberé de esto

También está la teoría de que los padres siempre sienten una cuota de culpa por divorciarse y que esto se transmitirá a los hijos. La autorrecriminación los invade.

Liz, de sólo nueve años, cuyo padre agredía físicamente a toda la familia, encontró difícil aceptar sus sentimientos de alivio cuando le dijeron acerca del divorcio de sus padres:

"Mi hermano dijo: 'Tres veces hurra y por fin me liberé de esto', y yo me uní a él, aunque me sentía realmente mal al respecto. Todos pensamos que se arreglarían cuando fuéramos mayores. Mis hermanos se burlaron porque lloré, pero yo lamenté mucho que hayamos dejado de ser una verdadera familia. Es decir, una familia tiene que tener un padre y una madre, ¿no? Mamá también lloró, la escuché por la noche".

Hogares violentos

En muchas familias, se torna impensable la idea de reunirse en un clima relativamente tranquilo y "contarles a los hijos", o incluso hablar acerca de una posible ruptura. La idea de decir "la verdad" resulta irrisoria. El clima del hogar ha sido catastrófico durante meses, tal vez durante años; es difícil imaginar que una emoción como el amor haya existido alguna vez entre los padres. Los hijos no están acostumbrados a recibir explicaciones sobre la conducta o cualquier otra cosa que tenga que ver con las decisiones de los adultos. Los jovencitos, como Will y Joe, no recuerdan la época del divorcio como un período específico en sus vidas:

"Solíamos escuchar que mamá y papá se peleaban aproximadamente tres o cuatro noches por semana. A veces, le preguntábamos a mamá por qué se peleaban y ella nos respondía que no tenía nada que ver con nosotros, que éramos unos entrometidos por preguntar sobre asuntos de los mayores".

Estos niños se sentían verdaderamente dolidos por ser dejados en un mundo infantil, "como si nosotros no pudiéramos entender nada". Al menos se tenían el uno al otro. Un hijo único se sentiría desesperadamente solo en una situación como esta.

En la mayoría de los casos de violencia y fricción continuas, la ruptura final, aunque repentina, no es dramática. Llega el día en que uno de los padres desaparece, y raramente se da una explicación completa. Los padres presumen que las peleas son explicación suficiente, y que los hijos *"de cualquier manera no lo entenderían"*. *"Oí que mamá le decía a la abuela que yo había tomado bien la noticia, porque no lloré. No advirtió que me quedé muda por la conmoción"*.

Los dos te seguimos amando

Este es un importante mensaje para transmitírselo a un hijo. Pero tiene que estar basado en la seguridad a largo plazo de que el amor continuará. Pippa sólo tenía ocho años cuando sus padres se separaron:

"Mami y papi me abrazaron y me dijeron que me seguían amando tanto como antes. Pero si papá realmente me ama, ¿cómo pudo irse? No tenía sentido. Sabía que seguramente me estaban mintiendo, para ser amables conmigo".

Sería tonto creer que todo esto es fácil. Un progenitor comprometido sufre agonías de remordimiento, arrepentimiento, confusión y profunda decepción por su incapacidad para sostener una relación; tanto un esposo como una esposa pueden sumirse en la autorrecriminación y la devastadora pérdida de la autoestima. A todo esto se le suma el miedo a herir a sus hijos, de perder su amor y la vergüenza de no poder mantener una pareja estable como padres. A pesar de los presumidos comentarios de los que han podido evitar el divorcio, es casi imposible que este se tome livianamente. Casi todas las parejas que se separan atraviesan largos períodos, a menudo de años, no sólo meses, de angustia, infelicidad, soledad y confusión; muchas veces se siente una gran desdicha íntima. Esto tiene que afectar a los hijos, incluso a los bebés.

Si a la inversa, un progenitor se va repentinamente, se da la misma desdicha: conmoción, enojo, amargura, sentimientos de fracaso, de rechazo y aislamiento, carencia sexual y emocional y todo eso se transmite a los hijos. Los esfuerzos de padres atentos para aliviar a sus familias en estas circunstancias, muy pocas veces son apreciados.

El padre de Maggie le dijo a su esposa y a sus tres hijos, todos en los primeros años de la adolescencia, que se iba a ir con otra mujer. Todos lloraron o le gritaron y Maggie recuerda que le pegó con los puños tan fuertemente como pudo. No obstante, ella sabía que lo único que quería era que él volviera con ellos. *"A los catorce, pensé seriamente en suicidarme, ya que pensaba que de esa manera mamá y papá volverían a estar juntos".*

Por favor, dime por qué

Los terapeutas de niños coinciden en que el sentimiento más común experimentado por las criaturas es una dolorosa y confusa tristeza. Una niña entrevistada en televisión dijo: *"Era lo suficientemente grande como para sentirme dolida, pero no tanto como para entender".*

Una verdad básica: *"Nos estamos divorciando".* Muchos padres sienten que esta información es suficiente para los hijos; las razones del divorcio y el significado de los cambios en la conducta de los padres, nunca son discutidos. Pero experimentados psiquiatras de niños concuerdan en que si un hijo puede reconocer que sus padres tienen un problema y están considerando el divorcio como un remedio que traerá alivio y un resultado feliz para uno o para ambos padres, ese niño estará en muchas mejores condiciones para enfrentarlo:

"Papá dijo: 'Pregúntale a tu madre', y mamá dijo: 'Pregúntale a tu padre'. No sabía si ellos creían que yo era demasiado tonto para comprender o si estaban enojados conmigo. Podía advertir que estaban enojados entre ellos, pero nunca me dijeron por qué".

Este reclamo, *"nunca me dijeron por qué"*, se repite una y otra vez.

Los hogares donde nunca se hablan los problemas o no se oyen las discusiones son particularmente tristes y tensionantes para los niños. Hay "normas" reconocidas, que no están escritas y que prohíben las preguntas acerca de todo, menos acerca de asuntos triviales. Las peleas casi nunca se escuchan ni se permiten. Cuando estas parejas se separan, los hijos pueden quedar hechos añicos. El divorcio conmociona como una muerte súbita, la tensión puede ser extrema.

¿Qué palabras podemos usar?

A menudo, padres preocupados consultan a terceros con experiencia en familia acerca de qué términos usar para decirles a los hijos. A veces, "ensayan" con los padres esta difícil y dolorosa tarea. Son, después de todo, palabras que los hijos no quieren escuchar. Tienen que demostrar que hay un buen motivo para la ruptura, que no están actuando apresuradamente, o en un acceso de rabia, o que no están siendo egoístas, sino que lo han considerado seriamente y que todavía son padres confiables. La madre de un joven en los primeros años de la adolescencia dijo: *"Te lo diremos cuando seas más grande, ahora no comprenderás".* El hijo respondió: *"No me importa si entiendo o no, quiero que me digan por qué se separan".*

"Si ya no se aman entre ustedes, tal vez tampoco nos amen a nosotros."

Esta es una preocupación muy natural, que a menudo toma a los padres por sorpresa. Ahora tienen que ser mucho más explícitos, y es especialmente difícil en una familia en que los padres jamás dijeron: *"Te amo"*, a un hijo. La semilla de la duda ya fue sembrada en la mente sensible del niño. *"¿Me aman? ¡Se odian tanto entre ellos!"*. ¿Cómo explicar las innumerables definiciones del amor hacia los hijos?

¿Qué te parece?: *"Te amamos desde el día en que naciste, y eso nunca cambiará. Las madres y los padres se conocen cuando ya son grandes, su amor puede cambiar"*.

Pregúntales si comprenden lo que les estás diciendo. Tal vez asientan, o murmuren *"Sí"*, pero no es seguro que recuerden tus palabras con claridad, ya que sus mentes están llenas de preocupaciones. No es suficiente "decir y huir". Hace falta un cuidadoso seguimiento y una constante implicación con el hijo. Repite estas palabras los días siguientes, dejando la vía libre para que ellos te hagan más preguntas.

No es necesario volcar todas las complejas razones acerca de cómo te sientes porque tu marido ha sido injusto, te ha herido o rechazado, etc. Tus hijos se sentirán obligados a tomar partido, en este caso a darte la razón, lo que significa ponerse en contra de su amado padre. No podrían soportar ni siquiera pensar una cosa así. Neil, de siete años dijo: *"Si amo a papá, ¿mamá dejará de amarme?"*

Hasta la palabra divorcio necesita aclaraciones. La definición del diccionario: *Disolución legal del matrimonio*, no explica que eso significa que un hombre y una mujer ya no son esposos, pero que *sí son madre y padre por el resto de sus vidas*. A muchos, muchos niños, no se les dice este hecho tan importante. *"No vamos a estar más casados"*, es una explicación razonable para los niños más pequeños.

No es tu culpa

La película estadounidense, *Kramer vs. Kramer*, que caracteriza una lucha crítica por la custodia, tiene varias partes desconsoladoras. Para mí, la escena en que el niño de ocho años, dice sollozando en su almohada: *"¡Mamá se fue porque yo me porté mal!"*, es la más conmovedora. Este no es un sentimiento al estilo de Hollywood, es una creencia fuertemente arraigada en los niños muy pequeños de todo el mundo: *"No comí la cena"*. *"Lamento haber mojado la cama"*.

Las encuestas demuestran que los niños entre tres y siete años, frecuentemente, son olvidados desde el punto de vista de las explicaciones de los padres. En gran medida, esto puede despertar en la criatura el sentimiento de que si algo desagradable ha ocurrido en el mundo, es porque ella ha hecho algo mal y ese es el castigo. Danny recuerda que un amigo del colegio le preguntó si su mamá se divorció. *"No sé"*, respondió. *"Bueno, ¿y entonces dónde está tu papá?"*. Esa noche le preguntó a su mamá: *"¿Tú y papá se divorciaron?"*. Ella respondió: *"Sí, Danny, continúa con tu cena"*.

La madre de David, de seis años, no estaba en casa cuando un día él y su hermano regresaron del colegio. *"Creí que se había ido porque no ordené el lío que había en mi cuarto."*

Además de todo lo que puedas transmitir a los niños pequeños, tienes que dejar en claro que ellos no son la causa de la desaparición de un progenitor. Un niño pequeño cree implícitamente que hasta sus pensamientos pueden hacer que las cosas pasen mágicamente. *"Muchas veces deseé que papá se fuera cuando yo quería ver televisión y él me mandaba a la cama. Ahora se fue. Es por mi culpa."*

Aun cuando no expresen sus miedos, es esencial decir a los niños que, *de ninguna manera*, ellos causaron la separación de la familia. *"Nunca te portaste mal, siempre fuiste*

amoroso, y nada que pudiste haber hecho hubiera cambiado las cosas." Estas aseveraciones necesitan ser repetidas constantemente. Los miedos y las fantasías no desaparecen del día a la noche.

Los hijos más grandes, por lo general no sienten esta culpa, pero los adolescentes pueden tener un profundo sentido de responsabilidad. Jeff (dieciséis años) dijo:

"Sé que me peleo con mamá todo el tiempo. Pensé que si mamá y papá me permitieran dejar el colegio, yo podría ganar algo de dinero. Nunca tienen suficiente y mi amigo dice que esa es la causa de la mayoría de los divorcios. Es por mí que están sin dinero, y por eso se separaron. Mamá dice que no es mi culpa, pero yo sé que sí lo es. Ahora nos peleamos por eso".

Las preguntas que se hacen y las que no se hacen

Una vez que se abren los canales de comunicación, debe tenerse en cuenta que los niños son prácticos y que querrán saber exactamente hasta el último detalle de lo que el divorcio significará para ellos, en qué modificará sus vidas.

"¿Dónde viviremos?" "¿Papá nos visitará?" "¿Cuándo?" "¿Quién nos llevará al colegio?" "¿Mamá nos llamará?" "¿La abuela todavía querrá vernos los domingos?" "¿Podremos llevarnos al gato?"

Quieren respuestas directas e inmediatas. Si los arreglos todavía no están hechos, no mientas al respecto. Si no estás segura de dónde vivirá papá, sé sincera con ellos.

Si la separación implica que ellos tengan que vivir por un tiempo con alguna persona que los cuide, asegúrate de que sepan el porqué: *"Porque tengo que encontrar departamento". "Porque papá tiene que tratarse en el hospital por seis semanas".* Nunca des respuestas vagas.

Inevitablemente, se formularán preguntas inquietantes: *"¿Por qué papá ya no nos ama?" "¿Seguirás siendo mi mamá?"*. Por desgracia, el progenitor puede estar demasiado absorto en sus propias angustias como para advertir la urgencia de las preguntas que no se hacen: *"¿Me porté tan mal que papá tuvo que irse?"*. *"Si mamá también se va, ¿quedaré huérfano?"*. Insiste en demostrar, así como en decirles que aún eres su amoroso padre/madre.

Cuando ellos le preguntaron *por qué* no podían vivir juntos nuevamente, un padre les dijo a sus hijos: *"Cuando soy feliz, es más fácil hacer que ustedes sean felices. Cuando estoy triste, es muy difícil ser el padre que ustedes necesitan disfrutar"*.

Explica que la separación evitará *más* infelicidad y que, con optimismo, traerá alivio, y que tú estás pensando muchísimo acerca de los mejores arreglos para cada miembro de la familia.

"Los niños se adaptan muy fácilmente", se oye, y en gran medida es verdad. En todas las edades, pueden ser fuertes, soportar gran cantidad de tensión, pero solamente cuando no han perdido el sentido de la seguridad.

Diez años después de que su madre se fue de casa, Peter dice:

"El nuestro era un hogar feliz, era difícil imaginar que esto alguna vez cambiaría. Aun cuando mamá insinuó que se iría, dejó en claro que no se estaba divorciando de nosotros. Papá dijo que trataría de ayudarnos a entender, cuando creciéramos. Cumplió con su palabra y conversamos acerca de sus sentimientos durante muchos años. Nuestras vidas cambiaron para siempre, pero jamás nos sentimos abandonados o no amados".

Peter tuvo suerte, y su historia no es la única entre las muchas y variadas posibilidades que terminan en los tribu-

nales de divorcio. Cuanto más participen los hijos en la toma de decisiones familiares, estarán mejor preparados para asumir sus propias decisiones en la vida.

Prefiero no hablar de eso

La madre de Ben no podía comprender por qué se resistía a ir a la casa de sus amigo después del colegio, o a visitar a sus abuelos el fin de semana. Finalmente, después de dos semanas, el niño de nueve años le dijo a su hermano mayor: *"No sé qué decirles. ¿Saben lo de mamá y papá?"*

A sus padres no se les había ocurrido decirle que su separación no era un secreto y que él era libre de contarlo o no según quisiera. A veces, en este punto los niños necesitan ayuda. Se les debe advertir acerca de que la separación puede despertar compasión o vergüenza, como si hubiese habido una muerte en la familia. Si un niño es demasiado tímido para hablar del tema fuera de la familia, aconséjale que es absolutamente educado decir: *"Prefiero no hablar de eso"*.

Muchos niños se sienten más cómodos discutiendo asuntos personales serios con otra persona diferente de sus padres, tal vez alguien que no tenga nada que ver con la familia. No te sientas herido por eso, es muy normal.

Otros, como Colin, sienten que es mejor: *"No hablar de eso"*.

3

DESPUÉS DE LA RUPTURA

Este período entre la decisión de separarse y el divorcio final es uno de los momentos más infelices, para muchas familias. Usualmente uno de los padres se ha mudado y los sentimientos que entonces afloran en los hijos son similares a aquellos que siguen a la muerte. Pero a esto se le agrega otra emoción, un progenitor los ha dejado voluntariamente, los ha rechazado. Esta es una idea devastadora. *"¡Esto es lo que hacen los adultos!" "Si papá me puede abandonar, ¡también podría hacerlo mamá!".* Tal vez se aferren al progenitor que tiene la custodia, insistan en dormir con él, se nieguen a quedarse en el colegio, entran en pánico si lo pierden de vista en una tienda o en un autobús repletos de gente. Todo esto es también angustioso para los padres, ya que nunca han dejado de amar a sus hijos y tampoco desean rechazarlos.

Durante este tiempo, otros miembros de la familia pueden ayudar, aunque más no sea a señalarles a los padres, que los hijos no comparten todos sus sentimientos de rabia, amargura o daño a menos que alguien se los inculque en sus mentes confusas. Como una abuela le dijo a su hijo: *"Tal vez pienses que estás mejor sin tu pareja, pero los niños no lo están".*

Tenía razón. El extremo y real terror a ser rechazado puede proyectarse a la adultez y afectar las futuras relaciones sociales. Un terapeuta de niños escribió: *"Si la madre simplemente desapareció de la vida de un niño, esto puede obsesionarlo para siempre; el no tener conexión con su progenitor natural deja una gran laguna en la seguridad de sí mismo".*

Se ha llegado a la conclusión de que el contacto con ambos padres es la manera más segura de prevenir esas consecuencias trágicas.

"¿Pero como puedo saber si mi hijo se está sintiendo rechazado? Parece estar bien, no pidió para nada ver a su papá."

Es comprensible que muchas madres sientan que las ideas de un consejero psicológico o de un terapeuta tal vez sean académicas, y que sus hijos "están bien". Quizás sea así, pero, particularmente, cuando una madre desea estar libre de su cónyuge y comenzar una nueva vida, puede estar engañándose a sí misma. Aun cuando no vea señales externas de angustia, sería bueno que se asegurara de que su ex pareja tenga contacto con sus hijos, aunque más no sea telefónico, *tan pronto como se ha ido de casa.* Trata de prevenir cualquier sentimiento de rechazo rápidamente, no dejes que crezca. Recuerda, tal vez el niño no haya pedido ver a su padre "ausente", por miedo de molestar a su madre. Anticiparse a estas preocupaciones ayudará en gran medida a tu hijo. Esto requiere de mucha paciencia por parte del progenitor que vive con los hijos, especialmente cuando no hay otros miembros de la familia que lo ayuden. Si tuviste un hogar feliz en tu infancia, trata de imaginar cómo es ser "decepcionado" por una de las personas más apreciadas de tu mundo.

Cuando un progenitor realmente ha desaparecido o mantiene un contacto esporádico, el que está viviendo con los hijos debe pedir asesoramiento. Es entonces cuando la intervención del servicio de mediación legal puede ser de gran ayuda (ver Capítulo 4).

Sentimientos que puede experimentar toda la familia

A menudo, cuando se les pide a las madres que hablen de sus hijos, comienzan a hablar de ellas mismas. Están preocupadas por ellos, por supuesto, pero sólo en términos de qué están *haciendo o diciendo* o cómo se están *comportando*, pocas veces advierten cómo se están *sintiendo*. La familia puede experimentar una amplia gama de emociones, pero no tiene mucho sentido hablar de la conmoción, la rabia, la negación, la pena y todo lo demás; todas son palabras en cierta medida atemorizantes y sin ninguna relación con lo que un niño siente profundamente. Obviamente cada niño, cada familia, es única. No hay dos reacciones idénticas. Pero muchos son los que afirman que les hubiese gustado conocer algunas emociones esperables, que se les hubiese dicho: *"No hay problema si lloras, es normal sentirse enojado, triste o temeroso"*.

Conmoción

A menudo esta es la primera emoción. Un hijo puede sospechar que las cosas andan mal, pero hasta el día en que un progenitor se va de casa, o él mismo se muda, trata de no creerlo. A veces experimentan un corto sentimiento de felicidad cuando finalizan las peleas verbales o físicas: se terminó, qué maravilloso. Entonces aparece la culpa por sentirse de esa manera.

La conmoción puede tener muchos efectos. Un niño puede parecer aturdido, casi apático y ausente: *"Patsy estuvo muy callada todo el día. Luego, repentinamente, a la mañana siguiente lloró durante casi dos horas"*.

A veces la conmoción causa problemas físicos, malestares estomacales o vómitos, o una erupción alérgica. Por la acumulación de tensión que ha soportado, el niño puede estar propenso a contraer infecciones, resfriarse, tener tos, o alguna infección ocular o de los oídos. Un terapeuta de niños los comparó con cachorros que son separados de la madre por primera vez, y sugiere que se trate a los niños de la misma manera. Haz que la hora de dormir sea acogedora y calentita, con bolsas de agua caliente, suficientes mantas y gran cantidad de mimos tranquilizadores.

Tristeza

Darse cuenta de que un progenitor se ha ido puede causarle al niño verdadera pena. Esto puede devenir en llanto, apego al otro progenitor o una aturdida tristeza. Además, está la angustia por el futuro: ¿Podrá el padre o la madre soportar quedarse en la misma casa? ¿Significará tener que mudarse a otro barrio o cambiarse de escuela? ¿Cómo haré para tener nuevos amigos? ¿Los hámsters podrán venir con nosotros?

Enojo

El enojo es una de las emociones más fuertes que se suscitan. Un niño que empieza a caminar, tal vez arroje sus juguetes en todo el cuarto; un niño en edad escolar quizás patee los muebles o a sus amigos, un adolescente hasta es posible que recurra al vandalismo y eventualmente a la delincuencia. Después de todo, es natural estar furioso con un progenitor que te ha abandonado. El hijo, a menudo se muestra también furioso con el progenitor que se queda. *"¿Por qué hiciste llorar a mamá?" "¿Por qué no paraste de gritarle a papá? Tal vez se hubiese quedado en casa."*

El hijo puede estar furioso con ambos padres, y entonces enojarse consigo mismo por no poder impedir que se peleen. La tensión es alta, los ánimos arden, toda la situación escapa de control.

Nicky tuvo la suerte de tener un tío experimentado que vio cómo él y sus hermanos se peleaban con su madre después de que su padre se había ido. El tío se los llevó a todos a nadar, luego les hizo correr durante todo el camino de vuelta, hasta que parte de la rabia fue expulsada: *"Tenían que sacarla afue-*

ra" —dijo—. *"No ayuda en nada decirles a los niños que se calmen, las emociones son demasiado profundas".*

Miedo

"Si mamá dejó de amar a papá, podría dejar de amarnos a nosotros". "Mamá se fue, entonces quizás papá también se vaya".

Algunos niños temen que se los separe de sus hermanos. Otros, que el progenitor con quien están viviendo, se muera. *"¿Papá nos llevará de vuelta?"* (ver Capítulo 5).

Nunca es bueno decir: *"No tengas miedo"*. En lugar de eso, asegúrale al niño que *nunca* lo abandonarás. No puedes prometerle cómo será el futuro exactamente, tal vez tú mismo no lo sepas, pero puedes darle la certeza de que lo enfrentarán juntos. A menos que tenga a alguien con quien conversar acerca de sus miedos, el niño puede sentirse internamente agitado. Los amigos y los vecinos pueden ser tan torpes como cuando después de una muerte dudan en mencionar al progenitor ausente y hacen que los niños se sientan todavía más "diferentes". Este es un momento en el que necesitan sentirse amados y comprendidos; una sonrisa amable, llevarlos amistosamente en auto al colegio, o ir a las hamacas del parque puede ser reconfortante.

Culpa

Algunos niños pequeños se sienten culpables por la separación de sus padres. *"Sé que mis padres se peleaban por mí"*. Hemos visto (Capítulo 2) que los niños pequeños hacían alusión a su propia conducta. Los jovencitos necesitan que un adulto comprensivo los tranquilice también acerca de su inocencia. Un niño de cuatro años preguntó: *"Si me porto bien, ¿papá volverá a casa?"*

Ante todo, los hijos se sienten confundidos y rechazados:

"Papá dice que me quiere, pero se fue a vivir con esa horrible señora y no conmigo. Sus hijos también son horribles, por eso ¿cómo puede ser que me quiera?". Si pierden la confianza en uno de los progenitores, ¿podrán confiar en otra persona?

Pocas veces son desleales con un progenitor. Tal vez sean ofensivos, agresivos, poco colaboradores con la madre o con el padre, pues sienten que los ha traicionado, pero si alguien de afuera lo critica, son furiosamente leales. Billy, a pesar de que su padre a menudo era violento y hacía que su vida fuera desdichada, habló de él con orgullo: *"Papá, el mejor tirador de dardos de nuestra calle"*.

Negación

No aceptar el hecho de que los padres se han divorciado es una reacción muy fuerte, que puede persistir por muchos años. Las fantasías de que vuelvan a estar juntos, de que todos conformen otra vez una familia, son muy intensas (¡aunque una niña de quince se sentía muy avergonzada de contarle a sus amigos que los padres se habían vuelto a casar!). Aun después de que se hayan casado nuevamente con una nueva pareja (Capítulo 7) los hijos guardan la esperanza de que se reconcilien. Usan toda clase de tácticas. Jenny creía que si se portaba mal con su madrastra ella se iría y su madre volvería a casa nuevamente. Tim pensaba que si rendía bien los exámenes, su padre vendría a vivir con él otra vez.

Estos sentimientos son muy comunes, y a menudo están reforzados cuando uno o ambos padres todavía no han podido ellos mismos aceptar la realidad del divorcio. *"No se separaron emocionalmente"*, explicó un mediador.

Vergüenza

Muchos niños sienten vergüenza, ya que todavía hay un cierto estigma en relación al divorcio, es un signo de fracaso, de rechazo, de ser diferente. A pesar de las estadísticas, en algunas escuelas, las familias con ambos padres están en minoría (ver Capítulo 6), hay una vergüenza inicial por parte de los hijos de decir que sus padres se están separando. Tony de catorce años, dijo: *"No es algo para andar publicando, pero si en el colegio me preguntan, normalmente les cuento"*.

A veces los amigos cambian de actitud, pueden ser extremadamente críticos en lugar de mostrarse comprensivos, sobre todo los niños más grandes. Rápidamente los niños advierten el clima de desaprobación y sus emociones se agitan con mayor fuerza dentro de ellos.

Reacciones físicas

Algunos niños reaccionan con altas temperaturas, erupciones o malestares estomacales. Puede que no coman o no duerman, y tartamudeen o tengan una irritante tos.

A toda edad, pueden ponerse realmente difíciles. Algunos tratan de enfermarse deliberadamente. Melanie, que todavía estaba en jardín maternal, se pasaba nieve por su pancita: *"Tal vez esté a punto de morirme y mami y papi lloren al lado de mi cama en el hospital"*. ¿Influencia de la televisión? Quizás, pero esta niñita se sentía desesperadamente desdichada y necesitaba mucha ayuda y comprensión.

Los niños pequeños que mojan la cama, o se ponen desobedientes, gritando y negándose a dormir a la noche, que desgarran sus ropas y rompen sus juguetes son casos menos dramáticos, pero igualmente penosos para las personas que están a cargo. Para un progenitor que ya está perturbado, esto puede ser la gota que rebasó el vaso. Muchos niños, por supuesto, están "probando" deliberadamente a sus padres con el fin de comprobar hasta dónde pueden llegar.

No estoy sugiriendo que todos los niños que estén pasando por una ruptura familiar tengan los mismos síntomas de tensión. Tres niñas de una familia, cuyo padre se fue de casa y rápidamente se volvió a casar, tuvieron las más diversas reacciones. La mayor, que ya era adolescente, hizo un duelo por su padre como si hubiera muerto. La segunda, se sumió en su tarea escolar, volviéndose una excelente alumna. Declara que desprecia a su padre y que odia sus intentos amistosos: *"Son falsos"*. La más pequeña, de diez, dice: *"Es el único padre que tengo, estoy contenta de que podamos verlo"*.

Algunas familias parecen no tener ningún síntoma. Sin embargo, los costos físicos y emocionales del divorcio pueden ser altos; la investigación demuestra que una proporción considerable de estos niños tienen conducta desequilibrada en algún momento. Es imposible probar si esto se debe a peleas o relaciones nocivas previas a la separación, a las angustias del niño y a las lealtades enfrentadas o a la pérdida de un progenitor. Muchas familias logran adaptarse sorprendentemente bien, realizando excelentes arreglos para sus nuevas vidas.

Consultar al doctor

Si cualquier malestar o problema dura meses y no sólo semanas, asegúrate de consultar a un doctor, quien tal vez derive a la familia a un asesor especializado. Una maestra bien dispuesta tal vez sugiera ver a un psicólogo educacional. A veces los padres no quieren admitir que los problemas de sus hijos son emocionales y dudan en pedir ayuda. Se sienten estigmatizados por el divorcio, como si no merecieran la ayuda. Muchos piensan que enfrentarlo es admitir haber fracasado y que su "protección" será cuestionada. También temen perder la orden de residencia que permite que los hijos vivan con ellos. Al contrario, preocuparse seriamente es un signo de ser buen padre. Si eres amigo de la familia, insiste en que deben pedir ayuda.

Edades diferentes, necesidades diferentes

Al hacer arreglos sobre el futuro, deben tomarse en cuenta las edades de los niños en el momento en que se produce la ruptura. Recuerda también que, cada año que pase, les aportará una nueva comprensión, y con ella nuevas angustias y nuevos problemas. No importa cuánto un progenitor desee dejar atrás el pasado, el hijo necesitará una "actualización" constante de los asuntos de la familia.

Los primeros años

Durante los primeros tres años de vida, todo niño requiere una relación continua con la figura del progenitor, no necesariamente la madre o el padre biológicos, sino una persona especial. Muchos profesionales dicen que en este comienzo firme radica la base de todas las relaciones futuras, dentro de la familia, en el colegio, en el trabajo, en el matrimonio y con sus propios hijos.

Por lo tanto, una ruptura a esta edad puede afectar la vida del niño. Un psiquiatra de familia y de niños llegó a afirmar que *"la pérdida de interés por parte de un progenitor hace que el niño se sienta desvalorizado y mal"*. Esto puede explicar un apego excesivo a la persona que está a cargo permanentemente, la succión del pulgar, el mojar la cama y los berrinches.

Varios estudios recientes muestran que los niños de cinco a nueve años son los más afectados por la separación de sus padres. Su hogar y su familia son todavía lo más importante en sus vidas. Aunque las razones de los actos de sus padres son confusas, desde los ocho años en adelante, tratan de entender, de elaborar las cosas por ellos mismos. A esta edad los niños parecen más perturbados que las niñas; tienden a mostrarse realmente tristes, lloran mucho, extrañan al progenitor ausente, se preocupan desesperadamente por lo que pasará con su seguridad y con su hogar. A menudo se altera su rutina de comidas y de sueño.

Desde los diez a los doce años comienzan a sentir rabia, o a eludir situaciones, a menudo negando lo que ha ocurrido.

Roger tenía diez años cuando le dijo a su abuela: *"Mamá no vivirá con nosotros sólo por seis meses"*. De hecho, su madre estaba pensando en casarse nuevamente y se lo había dicho a Roger varios meses antes. Al negarlo, posiblemente el niño sentía que no pasaría.

Adolescentes

Ningún estudio puede descartar el hecho de que durante la adolescencia los hijos comienzan a cambiar su conducta. Quieren poner a prueba su independencia, mostrar a sus padres que pueden arreglárselas solos y todo esto deviene a menudo en una conducta desenfrenada, irracional y destructiva.

Es fácil atribuirlo al divorcio. Es muy probable que los adolescentes se vayan de la casa cuando ésta se vuelve un lugar problemático y algunos tienden a tener varias relaciones con el otro sexo, como una especie de búsqueda de amor. *"Mamá tiene una relación amorosa con un hombre joven"*, es una excusa para la promiscuidad. Papá ya no está para cumplir el rol de modelo o para impartir disciplina, los hijos adolescentes se sienten confundidos y decepcionados.

Creo que es importante para los hijos saber que en *algún* momento sus padres se amaron, la pasaron bien juntos, aunque después las cosas fueron mal. Por otra parte, ¿qué se les está transmitiendo? ¿Que todos los hombres son horribles y poco confiables, que su madre es una víctima; o que todas las mujeres son infieles y que su padre fue abandonado? ¿Que son un desdichado accidente de mero placer sin amor?

"Es idealismo" —dijo Liz, víctima de un hombre que la

maltrataba mental y físicamente. Tal vez lo sea, pero el doctor de Liz le aconsejó que no diga: *"Tu padre es despreciable y por eso no lo vemos"*. Sugirió que les dijese que estaba enfermo. *"Explica que su enfermedad, sea alcoholismo o violencia, hace que por seguridad no lo vean. De esta manera no se sentirán culpables y tampoco odiarán a su padre."* Tenía razón: el odio no es un sentimiento fácil para nadie, mucho menos para un chico.

En general, a la larga, los adolescentes se ven menos afectados por la situación, que sus hermanos más pequeños. Han gozado de unos pocos años de seguridad (aun en un hogar donde hay fricciones, aparentemente, tuvieron una familia normal), y están comenzando a saber cómo son las relaciones adultas. Pronto vivirán independientes de sus padres. Si tienen la suerte de tener padres con los que puedan hablar y que los traten como a jóvenes adultos, podrán enfrentar el divorcio muy bien. Se dice que cuando los años de infancia tienen que terminar abruptamente, es muy probable que ganen madurez por esta experiencia.

Queremos saber qué pasa

Simon, de once años, y Rachel, de doce años, estaban muy preocupados por saber qué pasaría después de que su padre se fuera de casa. Habían escuchado que su madre hablaba por teléfono acerca de documentos y de firmar sentencias legales; querían saber dónde estaba su padre y ayudar a su madre: *"Pareciera que se olvida que somos hijos de él"*.

También Colin de doce años, deseaba que sus padres hablasen más:

"Mamá y papá estaban muy de acuerdo decidiendo quién se quedaría con los muebles y con las cosas de la casa, mamá lo escribía todo en una lista, cuando de pronto mi hermano, de siete, comenzó a gritar. Creyó que tenían que

decidir quién se quedaría con él. Dijo que no quería estar en la lista, y que tampoco quería vivir en una casa sin camas ni sillas".

Contrariamente, los padres de Louise la estaban usando como madre. Le contaban todos sus problemas, esperaban que cuidase a los niños pequeños y la dejaban faltar al colegio a menudo. *"¡Pareciera que creen que tengo veinte, se olvidan de que sólo tengo nueve!"*

Ayudar a que hablen los hijos

"¿Cómo te sientes?" no es la mejor manera de comenzar a hablar, habitualmente tiene por respuesta un *"No sé"*, exasperado. Pero los sentimientos de un niño pueden ser tan fuertes como para asustarlo. No es de mucha utilidad preguntarle si siente enojo, pena, culpa o rechazo, usando todas las palabras que un maestro puede considerar *no operativas*. Los adultos, en una actitud comprensiva, pueden comenzar hablando acerca de sus propios sentimientos. En una familia, todos usaron una táctica acertada. La abuela dijo:

"Hoy estoy enojada y malhumorada, ¿y ustedes?". Sus nietos de diez y trece se sorprendieron. *"Vean, quiero mucho a la mamá y al papá de ustedes y estoy molesta porque se están separando y estropeando la familia".* Estos niños estaban libres para expresar su enojo y no sentir vergüenza por admitirlo.

Al mismo tiempo, el abuelo sospechaba que los niños creían que tenían la culpa o que eran en parte responsables por el divorcio, pero culpa es una palabra muy grave. *"Lo de mamá y papá no es culpa de nadie, jovencitos. Estoy seguro de que no es mi culpa y mucho menos la de ustedes".*

La hermana mayor de los niños ayudó a expresar su pena. *"Me siento terriblemente triste estos días, realmente triste*

45

por todo esto, ¿y ustedes? Supongo que es porque no hay nada que yo pueda hacer con el divorcio. ¿Comprenden?". Los niños comenzaron a hablar. Sí, estaban tristes, se sentían impotentes, se daban cuenta de que no tenían control sobre las cosas que estaban ocurriendo en sus vidas. Volcaron todo y experimentaron gran consuelo por estar juntos.

Ayuda de amigos

Cuando los adultos pueden organizar esta especie de ayuda mutua entre los hijos y posibilitar que se sientan lo suficientemente grandes y dignos de confianza, esto les confiere mucha seguridad. Muy a menudo, amigos o personas allegadas, con buenas intenciones, se precipitan en hacer comentarios imprudentes. *"Compórtate, esto es mucho más difícil para tu mamá que para ti".* Se les dice a niños pequeños: *"Ahora eres el hombre de la casa".* Esta no es una buena idea, a menos que venga del niño. Es comprensible que se sienta ofendido: *"Eso es asunto de papá, debería estar aquí".*

La tía de Colin continuamente le decía: *"Tu madre está triste, sé bueno con ella". "¿Y yo qué?"* —preguntó—. *"Yo también estoy triste".* A veces, al advertir la pena de un niño, el adulto piensa que un regalo puede arreglar las cosas. *"¡Como si un helado pudiera hacer que no me sienta deprimido!"* —dijo Colin.

Si eres padre, trata de ponerte en el lugar de tus hijos. ¿Tus padres se divorciaron? Si lo hicieron, podrás recordar algunos de tus sentimientos. Entonces cuéntale a tu hijo sobre eso. *"Me acuerdo de que estaba muy enojado, ¿tú también lo estás?"*

Presta atención a los signos de angustia que los niños pueden manifestar succionándose el pulgar, retorciéndose mechones de pelo o sintiéndose continuamente descompuestos. A veces, ignorar un berrinche lo detiene, pero es mejor averiguar cuál fue la causa. No es muy útil gritar meramente, "¡Basta!". Un psiquiatra le dijo a una madre agotada: "Si retaras menos a tus hijos y averiguaras más lo que les está ocurriendo, comenzarás a llevarte bien con ellos".

Los niños, al igual que los adultos, con frecuencia se ponen torpes cuando sus mentes están confusas, rompen cosas o se tropiezan. Trata de aliviarlos, tal vez diciéndoles: "¡Rompí una taza hoy, debe ser contagioso!". No los reprendas, pues les harías creer que son torpes, un rótulo que puede permanecer por años. Es bueno que hagan toda la actividad física que sea posible; juegos cansadores, carreras o trepar árboles, y en la casa, que ayuden a pintar un cuarto o a ordenar un mueble. Cualquier cosa que los mantenga activos y que posibilite que consuman la agresión física.

La mayoría de los padres seguramente conocerá otras familias en las que la pareja se ha separado, pero no es buena idea hablar de esto con todo el mundo. Los consejos son gratuitos, por lo tanto pueden derrocharse muy fácilmente, pero algunos de ellos son conflictivos y otros, dañinos. Lo que realmente vale la pena es hablar con un amigo íntimo, averiguar cuál es la conducta de sus hijos y quién o qué los está ayudando.

Compartir experiencias puede ser útil, y en Gran Bretaña hay una gran cantidad de grupos de autoayuda para padres separados. En muchos de ellos hay grupos de juegos especiales, sesiones de charlas o salidas para niños, que en los primeros días después de la ruptura familiar pueden ser de gran ayuda. Hace falta ánimo para concurrir a las primeras reuniones y tal vez los niños protesten todo el camino, pero a menudo se vuelve un lugar donde todos se relajan.

4

¿DE QUÉ MANERA LA LEY PUEDE AYUDAR A TUS HIJOS?

A partir de la Ley de Hijos, de 1989, que rige en Gran Bretaña y que fue implementada en octubre de 1991, el proceso de divorcio cambió. El énfasis de esta abarcativa y amplia reforma de la Ley de Hijos está puesto en el derecho de los niños a ser *escuchados* y *comprendidos*, y en alentar a los padres a llegar a un acuerdo acerca de los hijos sin ir a los tribunales. Un progenitor puede completar un "Informe del arreglo realizado con sus hijos", y lo puede enviar a su pareja *antes* de que comience el proceso de divorcio. Solamente cuando los padres no son capaces de llegar a un acuerdo acerca del futuro de sus hijos, será necesario que intervengan los tribunales y que un juez sea llamado para dar su punto de vista.

Asistencia Social en el Tribunal

Cuando una pareja llega a la etapa de procedimientos en un tribunal (por desacuerdo con respecto a sus hijos), la mayoría de los tribunales querrán investigar si el conflicto puede resolverse por mediación. Por lo general, habrá una audiencia preliminar en la que se requerirá que la pareja vea a un asistente social del tribunal, quien examinará la posibilidad de mediación, ya sea mediante el Servicio de asistencia social del Tribunal o de un servicio local, fuera de la jurisdicción de este. Si la mediación no resuelve el conflicto, otro asistente social preparará el informe para ayudar al tribunal a decidir sobre el tema.

Servicios de mediación

Los mediadores, los abogados de familia y los mismos tribunales acuerdan actualmente, que es preferible que los padres resuelvan sus dificultades sin llegar al ámbito judicial. La mediación (en algunas causas todavía conocida como conciliación) ayuda a las parejas que se están separando, simplemente, a hacerlo.

Los servicios de mediación de hecho serán el elemento clave de la nueva Ley de Familia de 1996 que regirá en Gran Bretaña y entrará en vigencia dentro de aproximadamente tres años. Se espera que todos los aspectos piloto de la ley contribuyan a un mejoramiento del clima jurídico para una mediación efectiva.

Esto significa una ayuda para que los padres enfrenten juntos todo el proceso de divorcio en su conjunto, atendiendo los intereses de sus hijos. Los mediadores desempeñan un enorme rol al mantener abierta la comunicación entre los padres, para que la hostilidad no continúe (a menudo sucede cuando hay un segundo matrimonio) y no perturbe a los hijos. Un vocero de Mediación Familiar Nacional (National Family Mediation) considera que: *"La mediación es acorde a los principios de la Ley de Hijos en el sentido que valora y apoya la responsabilidad de los padres, trabajando con cada uno de ellos y llevando a cabo, después del divorcio, esta responsabilidad en forma cooperativa".*

MFN es una de las principales organizaciones que realizan servicios de mediación fuera de los tribunales, la otra es la Asociación de Mediadores de Familia (Family Mediators Association). Ambas son instituciones oficiales; los honorarios varían según las circunstancias. Con un enfoque optimista, suponemos que, cuando la nueva ley se implemente, puede que haya muchos otros servicios respaldados con los fondos necesarios. Más instituciones están ofreciendo capacitación para mediar, entre ellas, se destaca la Asociación de Abogados en Derecho de Familia (Solicitors Family Law Association).

Mediación Familiar Nacional se ocupa principalmente de las cuestiones de los hijos, mientras que la Asociación de Mediadores de Familia ofrece una mediación integral (más comúnmente conocida como "de todas las cuestiones"), donde un experimentado abogado mediador y un mediador con conocimiento en trabajo o asesoramiento social, habitualmente colaboran entre sí en todas las sesiones, y se ocupan desde las cuestiones económicas hasta todo lo que concierne a los hijos.

Los servicios de mediación son básicamente una forma de ayuda para que las familias piensen en el futuro. Se les habla a los padres en sus roles de madre y de padre, no de esposo y esposa. Mediación Familiar Nacional explica que no se centran en lo que los padres sienten sino en lo que van a hacer. Reconocen la confusión mental de la pareja y saben que la mediación y el asesoramiento no pueden impedir que los hijos conozcan y sufran este amargo conflicto entre ellos. Por lo tanto las preguntas que se hacen son prácticas: *"¿Qué significará la separación de ustedes para sus hijos?"; "¿Qué arreglos harán para su futuro?"*

La mediación no es terapia, pero los resultados pueden ser terapéuticos. Ofrece apoyo y ayuda a que las parejas negocien formas de llegar a arreglos con respecto a sus hijos. Proporciona a mamá, a papá y a los hijos la oportunidad de escuchar y comprender los puntos de vista de cada uno, en un lugar neutral, y lo que es más importante, puede guiar a los padres para comprender las necesidades de los hijos.

Abogados y mediadores de familia concuerdan en que es valioso para el cliente tener acceso a un asesoramiento legal independiente antes, durante y después de la mediación, así como cuando la mediación falla o es inapropiada. Ponen el énfasis en que el asesoramiento legal y la mediación no son excluyentes, sino que se los debe considerar complementarios.

Por lo común, las familias tienen tres o cuatro sesiones de aproximadamente una hora o una hora y media. A menudo, en ellas se posibilita que los padres adviertan en qué medida su conducta está afectando a sus hijos, y que muchos jóvenes lleguen a comprender que no es una deshonra que sus padres se divorcien y que sí es normal sentir enojo. Sobre todo, pueden darse cuenta de que ambos padres están preocupados por ellos y que juntos están dando los pasos necesarios para asegurar su bienestar futuro. Esto puede impedir eficazmente que los hijos enfrenten a sus padres, como suele suceder cuando los ven siempre separados.

La mediación no implica consulta. Sin embargo, algunos mediadores, que comprenden muy bien la perplejidad de los hijos atrapados en un hogar dividido, están planificando incluir en el servicio social las consultas de los niños (con el consentimiento de los padres). Principalmente, tratan de trabajar con los padres, pero cuando perciben que una familia en particular necesita ayuda, una charla con un mediador comprensivo puede ser de mayor alivio para un niño vulnerable que someterlo a una consulta profesional más formal.

Muchas parejas recurren nuevamente a servicios de mediación después del divorcio. Los arreglos pueden necesitar ser revisados cuando los hijos son más grandes e independientes, o cuando una madrastra o padrastro causa nuevas complicaciones.

El lenguaje legal

Muchos de los términos legales usados en los procedimientos de divorcio anteriores a la Ley de Hijos, de 1989, que rige en Gran Bretaña, eran perturbadores para los niños, especialmente cuando no recibían una explicación completa de lo que significaban. Por fortuna, las palabras como custodia y acceso no se usan más. No obstante, sigue siendo necesario dar a los niños explicaciones claras del lenguaje jurídico.

Responsabilidad parental

Cada uno de los padres retiene la responsabilidad parental sobre los hijos después del divorcio; ambos tienen derecho a ejercerla, uno independientemente del otro, vivan o no con los hijos. Esto significa que la madre o el padre pueden acordar un tratamiento médico, tomar decisiones sobre asuntos importantes como un cambio de colegio, de religión u otros.

Los padres que no están casados no tienen automáticamente responsabilidad parental, pero pueden conseguirla de diversas maneras: a) si obtienen una orden de residencia; b) si solicitan independientemente una orden parental de residencia; c) si realizan un acuerdo formal con la madre del niño, sin tener que recurrir para nada a los tribunales.

El principio de la ausencia de orden

Actualmente se estimula a los padres para que hagan sus propios arreglos con respecto a los hijos y que los tribunales intervengan sólo en caso de desacuerdo o de que un hijo necesite protección. Un mediador legal explicó: *"Si el tribunal está satisfecho con los arreglos hechos por los padres, la única orden que se sancionará ¡es que no hay que sancionar ninguna!"*

No obstante, si no se puede llegar a un acuerdo, la Ley establece para los tribunales una amplia gama de órdenes flexibles:

Orden de residencia

Esta orden establece dónde y con quién vivirán los hijos. Puede ser un miembro de la familia grande (ver Capítulo 8). No importa a favor de quién sea la orden, ninguno de los padres pierde la responsabilidad parental.

Orden de contacto

Es la orden o el arreglo que se establece para que los hijos vean al progenitor que no vive con ellos. Los detalles de estas visitas pueden quedar a cargo de los padres o bien pueden asentarse en la orden, los momentos, lugares y frecuencia.

Como dice un psiquiatra de niños y familia: *"Un arreglo de visitas acertado es el factor más importante para reducir al mínimo la confusión emocional de los hijos"*.

Estos arreglos tal vez necesiten de la ayuda y la cooperación de la familia y de los amigos. El enojo de Emma (de diez años) empeoró cuando su padre se fue de casa porque su madre se mostraba abiertamente muy enfadada. Como se negaba a ver a su padre, los padres de sus amigos del colegio intervinieron. Cuando Emma iba a visitarlos, le hablaban de su padre, le describían su nueva casa, le contaban que a menudo comían con él y que la extrañaba mucho:

"Todavía estoy enojada con papá por haber trastornado a mamá, pero me dio curiosidad y me encontré para comer con él y mi amiga el domingo. Era el mismo papito cariñoso, pero tuve miedo de contarle a mamá. Entonces los padres de mi amiga se lo dijeron y ella estuvo de acuerdo en que estaba bien, siempre que yo lo quisiera. Ahora puedo querer a los dos de nuevo".

Idealmente, si los padres viven cerca, las visitas pueden ser frecuentes, a veces flexibles, y queda a cargo del progenitor que vive con los hijos, darles permiso. El mejor "terreno" neutral para las visitas es la casa de los abuelos. Sin embargo, muchos niños son recogidos y entregados los días acordados como si fuesen paquetes y ¡que Dios ayude al padre que no los entregue a tiempo!

Sharon, de nueve años, vivía con su madre, quien había acordado llevarla a la casa de su padre todos los sábados a la mañana. Todas las semanas la niña lloraba cuando llegaba y cuando se tenía que ir. Los padres peleaban sobre qué era lo que estaba atemorizando a la niña, hasta que finalmente Sharon le dijo a su abuela: *"Mamá no quiere que yo vea a papá, dice que debe ser castigado por haberla dejado"*. Muy a menudo, un miembro de la pareja, el que no quería el divorcio, tiene profundo temor de estar solo y no puede advertir cuánta tristeza causa a su hijo.

A lo mejor, las únicas personas que pueden ayudar a los padres, y consecuentemente a sus hijos, a enfrentar estos problemas, sean aquellos que ya han pasado por un divorcio. Hay grupos de autoayuda para padres divorciados y solteros, en toda Gran Bretaña, que brindarán respaldo y amistad. *"Desde que comencé a ir encontré muchas otras personas en mi situación. Ellos me anticiparon lo emocionados que podíamos llegar a sentirnos en las visitas"*.

Con el paso de los meses y de los años, existe el peligro de que el padre ausente se mude de ciudad o de que uno de los padres se vuelva a casar y en consecuencia se corte todo contacto. Pero es muy probable que la familia se adapte a las dos casas y que flexibilicen las visitas, que papá los lleve a cortarse el pelo o al dentista, que mamá siga llevándolos a visitar a la abuela. Quizás Colin, de 12 años, resuma lo que no es una situación inusual:

"¿A quién le importa lo que dicen las órdenes judiciales? Todos nos preocupamos por cómo reacciona mamá cuando vamos a visitar a papá, y cuánto tiempo nos deja estar antes de ser una pesada y tocar el timbre".

Sí, muchas madres se quedan con la ropa sucia, teniendo que preparar la comida y con los jovencitos excitados después de un "extraordinario fin de semana" con papá. No obstante, no todo marido ausente es un adinerado playboy, muchos de ellos intentan vehementemente ser mejores padres que antes, en las apreciadas horas que se les asignan.

Cuando es negado el contacto

Deseo desesperadamente cumplir con mis deberes y responsabilidades de padre con mis tres hijos a quienes amo profundamente. Cómo se atreve su madre a negarme el derecho a verlos.

Sí, son los hijos los que tienen derecho a tener contacto con el progenitor ausente. En la práctica, sin embargo no hay sanciones efectivas para una madre que se niega a cooperar. Ninguna corte mandaría de buena gana a una madre a la cárcel por quebrantar la orden de contacto, a causa del efecto que esto tendría en los hijos. Por lo tanto se puede mudar lejos, o simplemente negarse a que sus hijos visiten a su padre. *"Ellos no quieren verlo"* —tal vez sea lo que diga en la corte.

¿Por qué se les niega el contacto tan obstinadamente? ¿Por qué razón una madre querría destruir la relación de sus hijos con el padre? Hay ejemplos terribles en los que padres que desean ocuparse de sus hijos no los han visto durante muchos años. No es difícil imaginar los efectos psicológicos que esta falta de contacto con alguno de los padres puede tener en un niño. No importa lo que les haya dicho el progenitor que vive con ellos, igual se sentirán abandonados por uno de sus padres.

Pero también este sentimiento puede estar fundamentado, ya que muchos padres olvidan o cancelan las visitas aun cuando hay una madre desesperada haciendo todo lo posible para darles la oportunidad a sus hijos de estar con su padre. Antes de que se implementara la responsabilidad parental, aproximadamente la mitad de los padres "ausentes" habían perdido todo contacto con sus hijos después de dos años.

Pero también puede ocurrir lo contrario. Las madres, exacerbadas por los recuerdos de un matrimonio infeliz, pueden "lavar el cerebro" de sus hijos hasta que ellos verdaderamente no quieran ver más a su padre. Cuando son adultos, tal vez quieran averiguar por sí mismos cómo fueron las cosas en realidad, pero el daño ya estará hecho, sus infancias habrán carecido de una persona importante.

Orden sobre una cuestión específica

Si hay una cuestión en particular con respecto a un hijo, sobre la cual los padres no se ponen de acuerdo, es posible recurrir a un tribunal, que elaborará una orden sobre una cuestión específica para resolver el problema. Por ejemplo, si un padre quiere que su hijo cambie de colegio.

Pasos prohibidos

Un tribunal también puede hacer una orden prohibiendo que alguien realice alguna cosa en relación al niño. En estas decisiones del tribunal, los intereses del niño son primordiales. Siempre se les dará oportunidad de emitir sus opiniones y declarar sus deseos. A menudo, un funcionario del tribunal —encargado de la asistencia social— habla con el niño, para poder transmitir a la corte sus puntos de vista. Numerosos trabajadores sociales parecen haber incorporado el concepto de que los hijos *deben ser escuchados*. Esto implica que trabajan mucho más cerca de los padres en relación a los arreglos sobre los hijos y que reconocen que en muchos casos la familia grande (especialmente los abuelos) pueden ser de gran ayuda en la toma de decisiones complejas.

Solicitudes de los hijos

Una vez que lo han solicitado al tribunal, y que este lo ha considerado "lo suficientemente comprensible", los jovencitos pueden realizar sus propias peticiones ante el tribunal. De acuerdo con la Ley de Hijos que rige en Gran Bretaña, pueden solicitar órdenes que establezcan dónde vivirán, a quién verán o decidir otras cuestiones relacionadas con la crianza.

Manutención

Después del divorcio, ambos padres son económicamente responsables por sus hijos, desde el punto de vista económico. Desde abril de 1993, una sección del Departamento de Seguridad Social, la Agencia de Apoyo al Niño (AAN), se ha ocupado de establecer el valor de pagos por manutención. La AAN intervendrá automáticamente si el progenitor con quien el niño vive recibe ciertos beneficios del Estado, un ingreso de apoyo o un crédito de familia. Alternativamente, cada una de las partes puede hacer una solicitud a la Agencia. A pesar de eso, los tribunales pueden en muchos casos emitir órdenes, y a veces vale la pena buscar asesoramiento legal para ver cuál es la mejor manera de proceder. La AAN no tiene facultad para intervenir en casos de manutención a hijastros ni en los casos en que alguno de los padres del niño esté fuera del país o en los que ya hay un acuerdo formal entre los padres o una orden judicial que establezca la manutención (excepto cuando uno de los padres comienza a recibir beneficios del Estado). Las oficinas de ANN en todo el país, también pueden responder a tus inquietudes. Además, el Consejo Nacional de Familias Uniparentales publica una guía completa sobre el tema.

Las amargas peleas sobre cuestiones económicas rara vez escapan a los oídos de los hijos.

"Siempre que papá viene a buscarnos, mamá habla y

habla sobre los aportes para nuestra manutención. Nos hace sentir culpables y papá se pone furioso. Les tengo miedo a los fines de semana."

Niños robados

El Ministerio de Relaciones Exteriores y de la Comunidad de Naciones estima que más de 1.000 niños por año son secuestrados de Gran Bretaña y llevados al exterior, mayormente durante o después de una separación marital. Como la tasa de divorcios sube y las barreras europeas bajan, temen que este número continúe creciendo.

Estos no son los horrendos "secuestros de niños" descriptos por los medios. El Centro Legal de Niños dice que frecuentemente responden a profundos sentimientos de frustración. Una madre o un padre preocupados pueden sentirse genuinamente temerosos por el bienestar y la seguridad del niño; tal vez estén desesperados ante las demoras legales. Pero el trauma para el otro progenitor y en muchos casos para el niño pequeño sacado de su entorno familiar y de sus queridas relaciones, puede ser desgarrador. Lucy, que en la actualidad tiene quince años, fue raptada a la edad de cinco por su padre, retornó un año después y fue llevada otra vez a los ocho. Ahora está de vuelta con su madre, pero dice: *"Todavía tengo pesadillas en las que estoy volando y pienso que cada día es el último que paso con mi mamá. Ahora estoy con ella. No salgo con mis amigas del colegio".* Un psiquiatra aclara que Lucy sufre todavía de un alto nivel de angustia y le cuesta concentrarse en su tarea escolar.

Pero también hay que reconocer que muchos niños, generalmente mayores de ocho años, no han pensado que al llevárselos, los estaban "raptando", sino que más bien era como ir de "vacaciones" con mamá o papá. Algunos niños incluso lo consideran como una aventura. Dos hermanitos fueron llevados por su padre, mientras jugaban en el patio de un colegio y

58

vivieron con él en Italia por un año. Finalmente, cuando la madre vino a llevárselos de vuelta a casa estaban confundidos. *"Recuerdo haber estado preocupada en los dos momentos, pero no sentí miedo para nada."* —dice Keith. Y su hermana agrega: *"Lo único que queríamos era que mamá nos dejase amar a papá"*.

La ley en Gran Bretaña tiene una visión muy negativa de los padres que sacan a los niños de la jurisdicción del otro progenitor, y hará todo lo que esté a su alcance para devolver a estos niños a sus hogares. El rapto es un delito penal extraditable, pero su implementación implica un procedimiento largo, difícil y a menudo costoso y en muchos países (incluso de Europa) hasta imposible. Por desgracia, hasta que un gobierno reconozca la decisión de otro, estos casos seguirán ocurriendo.

Es importante que todos los padres tengan un abogado con experiencia y los recursos del oficio para actuar efectivamente en una emergencia. La prensa muestra trágicas historias de "luchas encarnizadas" por bebés, aunque una madre aturdida comentó: *"No hay mucho amor en juego"*. El orgullo, el enojo y lo que es peor, la venganza, son a menudo la causa de estos tristes hechos.

Muchos niños intentan permanecer leales a ambos padres. Cuando los padres están tan resentidos entre sí que pueden llegar a privar a su hijo de su progenitor natural, tal vez durante años, probablemente no merezcan tener hijos y mucho menos su cariñosa lealtad.

"El divorcio religioso"

Los padres pueden separarse y querer registrar alguna forma de "divorcio religioso" o anulación del matrimonio, reconocido dentro su religión. Los más comunes son la "anulación católica"; o el divorcio o "talaq" musulmán. Los adeptos al judaísmo ortodoxo deben conseguir un "get" del Tribunal Superior Rabínico, antes de volver a casarse.

En todos los casos es necesario el asesoramiento legal. Para volver a casarse, los residentes británicos deben tener una sentencia final reconocida en este país.

Cuando en el matrimonio, las partes tienen diferentes nacionalidades, es urgente que busquen asesoramiento legal, si es que quieren separarse y hacer arreglos para sus hijos. El padre de Orson había nacido en Londres y su madre en Nigeria. Cuando se divorciaron y él se fue a vivir con su madre, le dijo al mediador: *"Es difícil tener que dejar a mi padre, porque eso significa que también tengo que olvidar mi parte blanca. Ahora siento que sólo soy la mitad del niño que era".*

Padres adoptivos

Los padres adoptivos cuentan con los mismos deberes y responsabilidades que los padres naturales. A veces, los hijos temen que se los abandone a causa de la separación de sus padres. Ellos necesitan asegurarse de que a pesar de la separación, *todavía tienen a los dos padres.*

5

VIVIR EN DOS HOGARES

Sin duda, una familia *con dos hogares* es una definición más adecuada y acertada de un hogar dividido, que definirla como una familia con un progenitor. También establece una diferencia con las familias en las que un solo progenitor está presente o es reconocido. A menudo funciona bien con los niños. *"Tengo una casa en la ciudad y otra en el campo, dos habitaciones y dos muebles con juguetes"*. ¿Interesado? Tal vez, pero también muy práctico para aquellos que puedan mantener este arreglo; se trata de un enfoque positivo que sólo puede resultar bien. Cuando el divorcio es una realidad, debe ser aceptado y todos han de esforzarse por reconstruir las relaciones *dentro de la nueva situación*, la de los padres viviendo en casas separadas.

Prepararse para la separación

De todos los niños menores de diez años, el 60 por ciento tiene que enfrentar una mudanza y la pérdida de un progenitor. Entonces, ¿cómo prepararlos?

Paul, de seis años, debió dejar su casa, su colegio, a sus amigos, a un par de abuelos y también a su adorado papá. Su madre tuvo que mudarse nuevamente a la casa de sus padres, donde pudo encontrar trabajo, y su abuela lo iba a buscar al colegio todos los días. Para aliviar el trauma, el padre de Paul se mudó con ellos, se quedó por algunas semanas, conoció su nuevo barrio y su nuevo colegio, a sus nuevos amigos y le mostró a su hijo que él formaba parte de su vida. El plan alivió la angustia de Paul y pudo aceptar la verdad de sus padres: *"Somos mucho más felices separados, siempre que los dos podamos verte lo suficiente"*.

Otro padre llevó a sus dos hijas de ocho años, de visita a casa de sus abuelos, para que se despidieran de ellos antes de marcharse a vivir a otra ciudad. Hacía poco tiempo que su madre se había ido del hogar. Les explicó que podrían volver y quedarse en las vacaciones y también las ayudó a arreglar visitas con sus amigas del colegio. Jenny dijo: *"Fue difícil despedirse, pero fue mejor que hacer todo rápido, no recibir explicaciones y no tener la posibilidad de llorar"*. Sabias palabras de una niña de diez años.

Nada volverá a ser como antes

Ahora los hijos están viviendo con un progenitor; supongamos que sea la madre. A pesar del cuidado con que la madre les haya asegurado el amor y la preocupación del padre y que estén en contacto frecuente con él, de allí en adelante la vida ha cambiado. Como dicen muchos niños: *"Nada volverá a ser como antes"*.

Sería tonto que algún progenitor lo negase. Los consejeros sugieren responder: *"Sí, tienes razón. Pero eso no significa que será peor. A su tiempo, tal vez sea mejor"*.

Aunque decirlo puede levantarle el ánimo a ella y a sus hijos, es difícil que esta conversación positiva provenga de una madre sola y deprimida. Cuando Peter dijo: *"La Navidad y los cumpleaños nunca serán como antes"*, su madre respondió: *"¡No, probablemente tengas dos fiestas de Navidad y dos fiestas de cumpleaños!"*

Una madre puede sentirse insegura de arreglarse bien, ahora que vive sola con sus hijos; o tal vez advierta que ellos realmente quieren estar con su padre y que se quedan con ella por lástima. En los dos casos, ella se encuentra en un estado emocional muy vulnerable, en el que tendrá que enfrentar una pesada tarea. El proceso legal terminó, pero el *divorcio afectivo* continúa.

Un progenitor solo puede ser objeto de desconfianza por parte de sus vecinos, quienes tal vez esperen que tenga hijos problemáticos. Es en este momento cuando parientes y amigos sensibles pueden intervenir, ayudando a los niños a tener nuevos amigos, llevándolos a conocer el centro deportivo local, la biblioteca o el club. Al igual que la muerte, el divorcio puede causar aislamiento. Todo esto, agravado por el hecho de que la mayoría no vive cerca de los parientes o de los amigos de infancia, por lo que en general no están rodeados —dentro de un radio cercano—, de personas conocidas. Una casa en una gran ciudad puede ser más solitaria que una remota cabaña en el campo.

Dificultades económicas

Más de una vez, una mamá o un papá se mudan de la casa matrimonial. Pero a menudo ésta tiene que ser vendida, por lo que ambas casas serán nuevas. Hay pruebas que indican que una proporción considerable de familias divorciadas están propensas a sufrir dificultades económicas, e incluso verdadera pobreza. En Gran Bretaña, el Consejo Nacional de Familias Uniparentales informó acerca de las siguientes dramáticas estadísticas: "Los divorciados y separados en Gran Bretaña conforman más del 60 por ciento de padres solos, un alto porcentaje de ellos recibe apoyo del Estado". Indudablemente, el divorcio causa una disminución del nivel de vida y una creciente inseguridad económica en la mayoría de las familias. Esto puede tener una seria incidencia sobre los niños, no meramente en las expectativas materiales (*"¿Por qué no podemos tener nuevas bicicletas / unas vacaciones / carne todos los días?"*), sino en su salud mental y física (*"Mamá tiene que trabajar, nunca está con nosotros en las vacaciones"*).

No cabe duda de que la falta de dinero, incluso el miedo a ello, puede causar tensión, amargura y resentimiento. Cuando estás tratando de cuidar a niños perturbados y desdichados, esto aumenta la tristeza, y a su vez repercute en toda la familia.

Teniendo en cuenta las edades de tus hijos, conversa acerca de cuestiones de dinero con ellos. *"Sí, caminaremos y no tomaremos el colectivo hoy. Estamos ahorrando para la nueva calculadora".* Por supuesto, el dinero no mitigará los sentimientos heridos por rechazo o falta de amor, pero sí aliviará una inseguridad, y en términos prácticos, puede darle sólida estabilidad al hogar, a las relaciones sociales y a la terapia que también hay que pagar. Por desgracia, en algunas áreas el dinero es una necesidad.

Los niños precisan que se les recuerde constantemente que no son una complicación más para su sobrecargada madre, sin la cual ella se sentiría más aliviada. *"Cuando hay niños, no se puede hacer una ruptura radical".* Jim y Kathy escucharon decir esto a su mamá y se sintieron culpables por ser un obstáculo. Una madre tratando de hacer que alcancen las contribuciones de ayuda para mantener a sus hijos es muy vulnerable (*"¡Pero todos en el colegio tienen una campera de cuero, má!"*). Si hay sentimientos de rencor hacia su ex marido, estos resurgirán constantemente. A una madre puede disgustarle tener que depender de un hombre a quien ya no ama, o a quien desprecia o con quien está enojada. Este sentimiento afecta a los hijos.

Estar en el medio

Frank se encuentra con su padre después del colegio, una tarde por semana. Actualmente tiene dieciséis años, pero todavía no se animó a decirle a su madre que su padre siempre pregunta por ella: *"Mamá nunca me pregunta cómo está papá".*

Un niño cuyos padres se critican continuamente puede

estar sufriendo demasiada presión. Con toda su inocencia, un niño pequeño puede estar transmitiendo comentarios, no necesariamente hirientes, con el deseo imperioso de complacer a un progenitor. Tal vez repita las palabras que uno de ellos ha dicho, causando mayores desavenencias y perdiendo parte de la buena disposición de un progenitor.

Contacto

Contacto (acto o estado de tocar; estado o hecho de comunicación) es una palabra fría y atemorizante para un padre que de pronto se separó de sus hijos, aunque menos dura que el término *acceso* (que significa acercarse, el derecho a entrar). En los Estados Unidos de América se lo denomina *visitas*, lo que indudablemente transforma a los hijos en visitas, en lugar de familia. Ninguna legislación puede describir adecuadamente las palabras naturales de un niño frente a esta situación tan *antinatural*: *"Vayamos a ver a papá"*.

En cada familia varía la forma de manejar el contacto por parte de ambos padres y a menudo cambia su significado a medida que los hijos crecen. Pero no se puede pasar por alto una investigación reciente según la cual:

1. Los niños que siguen teniendo una buena y continua relación con ambos padres son los menos afectados por la separación.

2. Los niños cuyos padres están abiertamente peleados, ya sea que se hallen separados o no, están muy seriamente afectados.

3. Los niños que nunca ven al progenitor que no vive con ellos —habitualmente el padre— son los más perturbados desde el punto de vista emocional.

Los primeros días de encuentro o de visita con el progenitor que se ha ido de casa son los más difíciles. Resulta extraño ver a tu padre o a tu madre en una nueva casa, quizás hospedado en una habitación alquilada, tal vez compartida, sabiendo que sólo tienes medio día con él o ella. Requiere de mucho esfuerzo por parte del progenitor crear un ambiente calmo y natural y no sentirse siempre obligado a salir a un excitante paseo o comprar juguetes o ropa caros. Nunca debe pensarse que papá es Papá Noel.

Los niños pequeños pueden jugar tranquilamente con juguetes o libros especiales que tienen en la "casa de papá". Los adolescentes a veces se turnan para elegir las salidas. Idealmente, cuando el progenitor vive en el mismo barrio o en la misma ciudad, toda la operación es menos traumática y cuando los niños son más grandes pueden llegar solos, caminando o en bicicleta.

Cuando en la familia los hijos tienen edades muy diferentes, surgen algunos problemas. Tu hijo de once y tu hija de quince no siempre querrán salir a los mismos lugares o ver los mismos programas de TV y su hermana de seis requerirá de mucha más atención que los otros dos. Es mucho mejor si las visitas se hacen en distintos momentos. Quizás puedan invitar amigos:

"Papá nunca deja que invite amigos a su casa, me hace sentir que debería tener vergüenza, pero yo no me siento así".

Asimismo, cada hijo necesita estar solo con ese progenitor —no necesariamente durante mucho tiempo—, tener charlas sinceras, sentirse bien el uno con el otro, para que puedan sentirse más cerca.

Cada hijo debe tener, si no puede ser una habitación, por lo menos un lugar especial para sus cosas. Dan tiene una cabaña en el jardín y eso es muy especial. *"Allí guardo mi palo de críquet y un juego de piezas de un viejo motor a vapor en el que trabajo con mi papá".*

66

Centros de contacto

En muchos casos, cuando el padre es violento, o la madre está psicológicamente perturbada y cualquier contacto se convierte en una situación amenazadora, un funcionario de asistencia social del tribunal puede arreglar visitas en un sitio preestablecido (muchas veces llamado *Centro de Sábados*) donde el progenitor con quien viven los niños puede llevarlos y entregarlos al funcionario, que los acompañará a un cuarto donde el otro progenitor los estará esperando. El "otro" progenitor bien puede sentir que esto es como una visita carcelaria, sin embargo sería triste que por eso se deseche este arreglo. Jugar con un niño pequeño, hablar con uno más grande, incluso solamente leer o jugar a las cartas, mantendrá el tan importante contacto. Con el tiempo, las cosas pueden cambiar y una vez consolidada la confianza, tal vez sean posibles las visitas más libres.

Para padres que no quieren encontrarse, este es, a menudo, el único modo de concertar visitas. En cuanto a los niños, puede transformarse en un buen arreglo semanal en el que se encuentran con sus padres y tal vez también con sus hermanos y hermanas para jugar durante algunas horas. Por desgracia, también puede que se den cuenta de que las relaciones familiares siempre han sido y siempre serán virulentas para los padres y desgarradoras para los hijos.

Linda, de nueve años, fue con su madre adoptiva a encontrarse con su madre natural que había acordado que la llevaría a Mc Donald's. Linda, vestida con medias blancas y un vestido limpio, esperó y esperó. Su madre no vino. No hubo lágrimas, obviamente ya la había decepcionado antes, pero había gran frialdad en la mirada de la niña y, antes de irse, le arrebató un juguete a otro niño.

Steve, por el contrario, estaba esperando a su padre, quien aunque tenía que viajar cerca de 200 millas para su visita de tres horas los fines de semana, llegó a tiempo y pasó con su hijo una mañana maravillosa.

Emma, de sólo cuatro años y medio, lloró cuando su madre se fue diciendo en voz alta: *"No quiero ver a ese horrible hombre, gracias"*. Un ayudante del Centro jugó con la niñita mientras su padre, sentado tranquilamente al lado de ellos, leía un libro de cuentos. Casi dos horas más tarde, Emma se subió a su falda. Sólo después de varias visitas accedió a jugar sola con él. Tal vez nunca se hubiese contactado, sin la paciencia del equipo del Centro.

Todas esas despedidas

¿Cómo hacer cada vez que hay que despedirse? Es difícil. A veces esto es usado por padres renuentes, para disminuir las visitas o suspenderlas. *"Es demasiado perturbador para los niños"*.

Pero si se perturban es porque aman a ese progenitor ausente, no hay ninguna otra razón. Por qué no reconocerlo y asegurarles que se acostumbrarán a las frecuentes despedidas. El divorcio es ya bastante malo para un niño, aunque no sufra la pérdida total de un progenitor amado.

Cuando los niños son muy pequeños, muchos padres los llevan a casa después de la visita y los acuestan en la cama. De esta manera se integran a sus vidas y las despedidas no son un problema.

Quizás esto suene idealista para muchos padres que todavía están demasiado afectados y perturbados como para tener algún contacto con su ex esposa. Pero una vez que pueden "separarse emocionalmente", y comunicarse sólo en un nivel de padres, entonces la disolución del enojo hará que los arreglos sean mucho más fáciles. Tal vez hayan fallado como esposos, pero todavía pueden estar unidos como padres.

"Después de todo —dijo una madre divorciada dos

veces— *es una alegría que haya alguien que tan a menudo quiera salir con los niños por unas horas, creo que tengo mucha suerte"*. Sabia filosofía.

Hay otras madres que no tienen los mismos sentimientos. Para ellas, que tal vez vivan en una nueva situación social, los hijos son toda su vida y detestan que se los lleven incluso por una hora y hasta toman a mal que su ex pareja se acerque a su hogar.

También hay un miedo muy real por parte de algunos padres cuyos hijos viven con ellos, de que se reviertan los arreglos de la orden de residencia, que algo que ellos digan o hagan le dé al progenitor "ausente" argumentos para solicitar una nueva orden de responsabilidad parental. A menudo, en estos casos los mediadores pueden ayudar: *"Cuanto más amigable y frecuente sea el contacto de un ex marido con sus hijos, habrá más probabilidad de que quiera mantener su contribución económica al hogar"*.

Todo este preocupante tema tiene muchas connotaciones, pero siempre la conclusión final gira alrededor del hecho de que el contacto con ambos padres es la mejor solución en tales circunstancias.

Vivir con la madre

A menudo, las madres tienen que soportar comentarios desagradables. El esposo de Jean la dejó con dos hijos pequeños. *"Por supuesto, sabrás que crecerán raros"* —le dijo un colega en el trabajo. A lo largo de los años, otros comentarios de maestros y trabajadores sociales sugerían que tal vez se desequilibren, se trastornen y que finalmente se vuelvan delincuentes.

Inmediatamente después de la separación, es frecuente que ambos padres se depriman, lo que causará intensa angustia, tristeza y enojo. Se sienten incompetentes y hasta suelen enfermarse físicamente. En el momento en que sus hijos necesitan todo su apoyo, su cuidado afectivo y atención, las madres pueden estar demasiado ocupadas con su malestar como para advertir que Frances tartamudea o que Penny está muy agresiva con sus amigas. Sin embargo no serás de gran ayuda si estás triste o deprimido. La depresión es contagiosa, cuanto más dura, más vulnerable se vuelve el resto de la familia. Una niña de quince dijo: *"Mamá nunca sale a divertirse y me hace sentir muy culpable cuando salgo yo"*.

Para ayudar a los niños es importante mantener todas las rutinas familiares posibles; la hora de las comidas y la de irse a dormir, seguir con las mismas actividades que antes, visitar a los abuelos regularmente. Es tranquilizador que vivan en el mismo barrio que antes y que concurran al mismo colegio. Los niños odian el cambio.

Los amigos pueden ayudar, pero no sacándoles el lugar a los padres (esto ocurre frecuentemente cuando viven con el padre). Recuerda que los niños han "perdido" a un progenitor y se sentirán perturbados, necesitan estar en casa y sentirse "seguros". Ayúdales en sus quehaceres quedándote con ellos en casa o llévales algunos saladitos y miren TV juntos. A los adolescentes les agradará hablar sobre su tarea, tal vez del préstamo de un libro de la biblioteca o del uso de la computadora de la casa. Una madre sola, inevitablemente se hace amiga de otras madres que están en la misma situación, y el hogar se puede volver demasiado femenino. Hay organizaciones de apoyo en toda la comunidad que tienden a brindar ayuda a familias que recién se han separado, y los niños se benefician cuando se los alienta a socializarse y a traer amigos a casa.

El progenitor ausente

Mientras tanto, los niños extrañan al progenitor que no está con ellos. *"¿Cuidarán a papá?"* *"¿Mamá se siente sola?"*. Si la distancia lo permite, es útil que tan pronto como sea posible, después de la ruptura, conozcan la casa del progenitor ausente.

"¿Seguirá papá llevándome al fútbol?" —preguntó Jack (once años) a su madre el día que se mudaron a un nuevo departamento. Ella pensó que su pregunta era egoísta, pero el fútbol de los sábados era parte de la vida de Jack. Estaba perdiendo muchas cosas y quería aferrarse a todo lo que pudiese. Lo familiar trae bienestar y es una de las cosas que el divorcio destruye.

Adolescentes

En una sesión de consulta por divorcio, se trataron todos los aspectos referentes a hogares divididos. Una madre sentía que sus hijos podían enfrentar la separación sin ninguna dificultad. Sin embargo, en el grupo de adolescentes su hija Mandy dijo:

"Mamá me llevó a la casa de la abuela en Navidad y yo la estaba pasando bien hasta que me di cuenta que ella y papá se habían separado. Me conmocionó. La abuela me dijo que papá estaba viviendo con una mujer joven y yo la traté mal. Me sentí irritada, nerviosa y sé que fui obstinada y desagradable con todos. Papá vino a visitarnos al día siguiente de Navidad y yo estaba de mal humor y resentida, pero cuando se fue lloré".

Margaret vivió una tragedia cuando su madre se fue: *"Parecería que los grandes no se dieran cuenta de lo dolida que me siento por dentro. Tuve esta familia durante quince años y de un día para el otro mamá lo arruinó todo".*

Un adolescente de quince años expresó el desconsuelo que muchos niños sienten:

"Me preguntaron con quién quería vivir. Es como si te preguntaran si quieres cortarte el brazo o la pierna. Alguien tiene

que perjudicarse. No quiero lastimar a papá, ya lo lastimaron bastante, pero ¿cómo puedo darle la espalda a mamá?"

Les pregunté a los jóvenes si sintieron que las reuniones en grupo les ayudaban. La mayoría dijo que sí, "especialmente después de la primera". Opinaron que compartir experiencias era mejor que luchar solos. Pero un joven de catorce dijo: *"Sí, de alguna manera nos alivia, pero venir aquí me hace sentir algo así como que no soy especial".* Luego agregó con aire pensativo, *"Supongo que esto muestra lo confundido que estoy".*

La confusión que muy a menudo conduce a la depresión, es habitualmente el resultado de la falta de información, de planes sin definir para el futuro, de arreglos para visitas de contacto inciertos o poco confiables y de preguntas sin responder (ver Capítulo 2). En esta etapa, es esencial tener bien definidos los horarios y lugares de encuentro con el progenitor que no vive con los niños. Con el tiempo, cuando todo se calme, probablemente se vuelvan más flexibles. La confianza y la buena voluntad de ambas partes son vitales: se deben establecer horarios rígidos y cumplirlos. Esto comenzará a reconstruir parte de la seguridad perdida.

Disciplina

Un progenitor que se siente culpable o inseguro de los sentimientos de sus hijos, especialmente si tiene miedo de perderlos, puede consentirlos demasiado. Por eso, los hijos probarán los límites. Esta conducta exasperante se da en todas las familias y es difícil saber cuánto se debe a la pérdida. En la mayoría de los casos, se debe a sentimientos de inseguridad; los hijos *desean* que el progenitor les ponga límites.

Cuando visitan al progenitor que no ven todos los días, esta actitud puede volverse más evidente. Un terapeuta de niños admite que este es un problema conocido y aconseja: *"Haz cosas con los niños, no para los niños".*

A veces la competencia entre los padres llega a un punto crítico. Con sólo nueve años, Colin se dio cuenta de lo que sus padres eran capaces de hacer: *"Papá me regaló una chaqueta de cuero la semana pasada, al día siguiente mamá me regaló zapatillas de cuero. Yo estaba chocho. Luego papá me llevó a un hotel de cinco estrellas y mamá al teatro. Yo sabía que no podía pagarlo y de cualquier manera hubiese preferido ir al partido de fútbol. ¿Cómo hago para pararlos? No tienen que comprar mi cariño".*

A menudo, otros niños hacen competir al padre y a la madre, para sacar provecho, lo que también puede ocurrir en familias que viven juntas, pero en familias separadas esto puede causar rencor y recriminaciones (*"Papá me deja quedarme despierto hasta las diez; mamá me deja ver películas tarde a la noche"*). La solución ideal es que los padres se pongan de acuerdo acerca de normas básicas para ambos hogares. A veces, puede ser útil un mediador con experiencia, o una abuela entendida.

Un padre deseoso de estar con sus hijos mucho más tiempo que la tarde del sábado, según lo acordado, debe aceptar que por el momento ha de limitarse a buscar y traer a los niños a tiempo, y prometer que estará en el sitio que se ha dispuesto, la semana próxima.

Relaciones difíciles

Después del divorcio, las responsabilidades de los padres pueden volverse más complicadas. La ruptura entre los esposos está asociada, en muchos casos, a descuidos y maltratos a los hijos y no sólo por parte del padre. Una madre que mantenía una encarnizada relación con su marido, nunca pudo crear armonía saludable con su hijo de seis años. *"Es tan tonto como su padre"* —solía decir y así comenzaban las provocaciones entre ellos.

73

Alguien con quien hablar

Después de un tiempo, los hijos suelen confiar sus cosas al progenitor con quien viven, aunque a veces esto no sucede. En esos casos, las niñas hablan con sus amigas, mientras que los niños, si es que hablan con alguien, confían en sus hermanos o novias.

Guarda

Cuando la guarda es realmente cuidado, un tiempo breve de guarda (por una autoridad local) puede ser una buena solución para un niño que de otro modo estaría con una madre o con un padre excesivamente tensionados. El progenitor tiene tiempo para relajarse, encontrar trabajo y/o una nueva casa y siempre que las visitas de los padres continúen, el resultado puede ser beneficioso. A menudo se implementa la *guarda compartida*, si un hogar de niños o un padre adoptivo comparten el cuidado de los niños cuando uno de los padres solicita ayuda. Todos los padres que se quedaron solos deben considerar esta alternativa como una medida temporaria cuando la situación se torna muy agobiante. Esto alivia los temores que los padres puedan tener acerca de no poder sacar a los niños del servicio de guarda una vez que han logrado constituir un hogar estable.

Lograr los arreglos más beneficiosos

Vivir con un progenitor y visitar al otro *puede* ser un arreglo correcto. No hay tensión, no hay celos, sólo ir de visita cuando tienen ganas. Estas son las situaciones de las que menos nos enteramos, pero realmente existen.

"Funciona bien —dice Jill de quince años—. Es mejor que antes, cuando todos nos peleábamos. Casi nunca veíamos a papá, mamá siempre estaba de mal humor o llorando. Ahora estamos bien con ambos, sé que nos aman".

No hay recetas fijas para el éxito, no hay dos familias idénticas. Cada una tiene que elaborar la mejor solución considerando su situación particular:

1. Una pareja estaba completamente de acuerdo en que sus tres hijos se quedasen en la misma casa con su madre. Al poco tiempo, hubo problemas con Jack, el hijo mayor. Le desobedecía a su madre y se negaba a ver a su padre. Finalmente, admitió que tenía miedo de ver a su padre porque sentía que tal vez querría quedarse con él. Inteligentemente, su madre le preguntó: *"¿Por qué no vas a vivir con papá?"*. Desde entonces, todo ha marchado bien. Jack visita a su madre, hermano y hermana cuando quiere.

2. Deirdre tiene sólo cinco años y pasa semana por medio con cada uno de sus padres. Este arreglo parece funcionar bien, contradiciendo todas las teorías profesionales sobre padres. Es una niña feliz, muy cariñosa y espontánea con ambos padres. Viven en la misma ciudad, Deirdre no tiene despedidas angustiosas cada semana y ama sus dos hogares.

3. Para una familia, la vida se volvió muy difícil después de que papá se fue, él era violento e imposible aun en las visitas. A pesar de eso, sus dos hijos se sentían perturbados por la idea de no verlo nunca más. Un consejero le sugirió que les escribiera y actualmente han iniciado una correspondencia. Todos disfrutan de este contacto, al que agregan llamados telefónicos ocasionales y sienten que "Papá es parte de la familia".

Una muerte en la familia

Elizabeth y Alan vivían con su padre, él murió repentinamente cuando ellos tenían doce y trece años. Aunque fueron a vivir con su madre que los recibió con los brazos abiertos, ambos sentían que no querían estar con ella. *"Nunca objetó la solicitud para vivir con nosotros que presentó papá".* En realidad su madre quería desesperadamente quedarse con ellos, pero sabía que tenía menos para ofrecerles que su padre. Los niños todavía sienten que la madre no quiere estar con ellos y su madre experimenta *culpa* porque la única razón para que sus hijos permanezcan con ella es la muerte de su padre.

Sandra, de catorce, vivía con su madre desde que su padre las abandonó. La madre murió de cáncer, por lo que su padre vino a buscarla. Sandra advirtió inmediatamente su resistencia. Se dio cuenta de que nunca lo había querido y estaba llena de rabia y se negó a vivir con él. Finalmente, se le asignó un padre adoptivo.

La muerte puede potenciar las desavenencias en una familia separada. June y Alison vivían con su madre cuando se enteraron de que su padre había muerto en Escocia. Cuando la acusaron de *"dejar que papá se muera",* su madre se horrorizó. *"¡Si no lo hubieras rechazado, él todavía estaría vivo!"*

Designar a un tutor

Si un progenitor ha perdido el contacto con sus hijos, aquel que se ha quedado a vivir con ellos, probablemente quiera insertar una cláusula en su testamento, en la cual designe un tutor, en caso de muerte. Los niños tal vez quieran ayudar en la elección del familiar preferido o un padrino o madrina; esto puede contribuir para que el muy natural temor de los niños de perder a ambos padres, se alivie. No obstante, no es un procedimiento directo y siempre se debe pedir asesoramiento legal.

La casa del matrimonio

Siempre que sea posible, lo mejor para los hijos es que *no* se venda la casa de la familia. Si se pueden quedar allí con el progenitor que va a vivir con ellos, por lo menos tendrán un factor de estabilidad al permanecer en su medio. Sin embargo, si el progenitor "ausente" se ve obligado a vivir en un hogar muy inferior, la situación puede ser incómoda para los hijos: *"Papá vive en una pensión mientras paga la hipoteca de la casa familiar; mamá debería haber optado por irse y vivir en un departamento de un ambiente o con sus padres"*.

Si por el contrario, el progenitor "ausente" —comúnmente el padre—, se queda en la casa del matrimonio y es la madre con los hijos quienes se mudan, puede funcionar bien. Las visitas de los hijos tendrán lugar en un medio hogareño, sin necesidad de hacer salidas.

Seguir perteneciendo a ambos padres

Un funcionario de asistencia social resumió su experiencia en familias que viven en dos hogares: *"Si tus hijos desarrollan un sentimiento de pertenencia y realmente se sienten parte de dos progenitores aunque vivan a millas de distancia, puedes estar seguro de que tu divorcio tuvo el mejor resultado posible"*.

6

EL COLEGIO: ¿UNA AYUDA O UN OBSTÁCULO?

Alrededor de dos tercios de los niños de hogares divorciados evidencian marcados cambios en su conducta escolar. La falta de concentración y el soñar despiertos se ven reflejados en el trabajo; su conducta se vuelve agresiva y ásperamente antisocial, lo que a su vez deteriora sus relaciones de amistad, haciendo que se sientan muy aislados. Todo esto sucede a pesar de la gran incidencia de familias con un solo progenitor. (La proporción en los colegios de Gran Bretaña es de uno en ocho y de uno en tres en algunas áreas urbanas céntricas).

Muchos niños sufren problemas prácticos causados por padres que se pelean de noche, tales como que se les torne imposible hacer la tarea. Otros, tal vez se estén mudando o realizando cambios, como ir a hogares adoptivos o pasando constantemente de la casa de un progenitor a la del otro. Todas estas son en sí mismas, situaciones desestabilizadoras. Otros niños, quizás, estén emocionalmente desgastados después de largas y cansadoras peleas sin definiciones y abatidos por la conmoción que les causa el cambio de estilo de vida: *"Me pasó a mí, ¿por qué a mí?"*. De pronto el dinero es escaso, y ya no pueden pagar comidas en el colegio, ir al cine o comprar videos.

¿Cómo pueden ayudar los colegios?

Los colegios desempeñan un rol importante, ayudando a los niños a enfrentar los problemas causados por la separa-

78

ción y el divorcio. Primero, el colegio no puede seguir considerando a la familia de un alumno como un hogar tradicional con dos progenitores (naturales). La palabra familia abarca una amplia gama de relaciones humanas: padres separados, padrastros, madres adoptivas, padres divorciados por segunda vez, madres solteras. No es cierto que estas relaciones no logren proveer un hogar seguro y feliz. Las causas más comunes de la angustia y de la conducta desequilibrada de los niños son los conflictos continuos y/o los cambios constantes.

El director de un colegio primario mixto dijo: *"El padre, a menudo se muda al otro lado de la calle, a la casa de otra familia. No se sabe quién está casado con quién. Por esa razón muchos maestros piensan que los niños consideran al colegio como un lugar seguro, donde pueden olvidar los problemas del hogar. Son cinco horas de paz para el niño".*

Para suministrar cualquier ayuda práctica que sea necesaria, el colegio debe estar informado de los arreglos básicos acerca del niño: con quién vive, el apellido de la madre si es diferente al de su hijo y de los arreglos acerca del contacto con el otro progenitor.

Aunque un niño esté viviendo con uno de los padres, en la mayoría de las situaciones familiares, a partir de la Ley de Hijos que rige en Gran Bretaña, ambos son responsables y tienen derecho a intervenir en cuestiones escolares. Los dos pueden ser consultados sobre decisiones importantes, como exámenes, cambios de colegio, cuestiones médicas, etc. A menos que haya una orden del tribunal acerca de no innovar, que no permita el contacto con un progenitor, el colegio permanecerá en una actitud imparcial y ayudará a que ambos padres tengan copias de boletines y asistan a las reuniones.

Una amplia gama de circunstancias puede suscitarse después de un divorcio o de una separación, y muchas autoridades educacionales están conectando líneas directas que ayuden a las escuelas a contactarse solamente con aquellos que

79

estén legalmente habilitados para ser consultados acerca de asuntos y decisiones concernientes a cada niño.

En el peor de los casos, un colegio es un lugar de donde un progenitor puede tratar de llevarse ilegalmente a su hijo. Vimos (Capítulo 4) que a menudo los niños no experimentan el "rapto" como la experiencia atemorizante que los adultos imaginan, pero es una gran responsabilidad para los colegios tomar parte de estas cuestiones legales y emocionales.

Hace falta tener la información adecuada si legalmente se le niega a un padre el acceso, por ejemplo, cuando no se le permite al colegio mostrarle o enviarle material concerniente al niño. El Consejo Nacional de Familias Uniparentales brinda pautas provechosas para padres, alumnos y maestros.

El colegio puede restringir el contacto con un niño que está en situación de riesgo o de desequilibrio por el conflicto entre los padres. En efecto, el colegio puede actuar *in loco parentis*, desempeñándose de la manera como considera que un padre razonable lo haría.

Por el mismo motivo, el colegio puede permitir que un niño vea a un padre que está separado, en contra de la voluntad del otro, debido a que el niño ha pedido verlo expresamente y repetidas veces y a que no hay impedimentos legales para que eso suceda.

Los colegios están en situación ventajosa para reconocer y evaluar situaciones y brindar ayuda a niños de familias divididas. La rutina escolar, la disciplina protectora, el hecho de integrar un grupo de pares, la actividad enérgica y lo cotidiano que tiene cada jornada en un colegio, otorgan bienestar a un niño cuyo hogar está lejos de ser tranquilo y normal. No obstante, depende de los directores determinar si la política del colegio será asumir la responsabilidad de incluir asistencia dentro de la currícula.

Una gran proporción de maestros son padres divorciados,

lo que implica que a menudo prefieran que el colegio no intervenga en la vida familiar de los niños, ya que sus propias emociones se pueden mezclar e impedir una charla objetiva.

Otros maestros están al tanto de la imposibilidad de separar la educación social y personal respecto de la académica. Los cambios importantes como una muerte, un divorcio, un cambio de casa o de persona a cargo, afectan las habilidades de aprendizaje y, por eso, los maestros deben enterarse.

La Autoridad Educativa local correspondiente debe poder proporcionar pautas para los colegios. Pero indudablemente, estos prefieren que sean los padres quienes les informen acerca de cambios importantes en la vida de los alumnos. Un maestro no se sentirá libre para hablar sobre el tema, si se entera de esos cambios por otras personas de afuera, o por un niño preocupado y es probable que el progenitor no desee que esto suceda.

Asesoramiento para los padres

El director de una escuela importante de Londres descubrió que algunos padres no notificaron su divorcio, al colegio, porque no se les ocurrió que su separación podía tener algún impacto inmediato o tardío en la escolaridad de su hijo.

Una vez que los padres nos cuentan, la escuela informa al personal pertinente para que esté alerta ante cualquier señal extraña o de tensión prolongada en el niño. También confirmamos con qué progenitor está viviendo y nos aseguramos de que él/ella sepa a quién recurrir si necesita ayuda, por ejemplo, a nuestra psicóloga educacional. No creemos que podamos disminuir el daño causado por los traumas en el hogar; pero estamos en condiciones de darles al menos parte del apoyo que necesiten para madurar social y académicamente.

Por desgracia, no todos los maestros son cuidadosos o comprensivos; con frecuencia, también los padres consideran que sugerir que se trate a un niño de manera especial puede ser perjudicial para él. La madre de mellizos de nueve años dijo: *"No creo que los maestros debieran meterse en la vida de los alumnos, no es asunto de ello"*.

Jardín maternal y Jardín de infantes

Una maestra sensible advertirá cuándo un niño pequeño, cada mañana, tiene dificultad más allá de la normal para separarse de su madre/padre y cuándo las lágrimas no se transforman en risas a los pocos minutos de que el progenitor se haya ido.

Por lo general, este es un niño que ha sufrido la pérdida de uno de sus padres; de ser así, la maestra puede ayudar al que se quedó solo. Quizás papá se fue y mamá tiene que trabajar, ella se siente culpable y el niño percibe su inseguridad. Una maestra inteligente puede mostrarle un reloj, para darle al niño un claro sentido del tiempo, de tal modo que sepa que cuando las agujas marquen las tres, o cuando suene el timbre, mamá regresará. Hacia esa hora, tal vez comience a tener miedo o a llorar, pero pronto aprenderá a confiar nuevamente en los adultos.

La escuela primaria

A los maestros de escuela primaria, les agrada establecer relaciones amigables con la familia. Si no se les comunican los cambios en la situación del hogar pueden ser tontamente insensibles con los niños (*¿Papá no te va a venir a buscar hoy?*). Por otra parte, se ha dejado a un maestro sin saber a quién entregar al niño al final del día. Les agrada conocer las circunstancias para, por ejemplo, al hacer las tarjetas para el

Día del Padre o de la Madre no avergonzar a un niño que no tiene padre o que tiene dos madres. La maestra nunca debe decir a la clase: *"Dile a tu padre que firme esto"*. Debe decir: *"Dile a tu mamá, a tu papá o a quien esté en casa esta noche que firme esto"*.

Muchos niños se niegan a decir algo en el colegio e inventan cuando les preguntan por qué no se concentran en el trabajo. Los niños no quieren que se arme un escándalo, sólo quieren que alguien lo sepa. A menudo el colegio los alivia: *"Todo sigue igual, pero mi hogar cambió, ahora mamá se fue. Me gusta mi colegio y no quiero que me tengan lástima"*.

En un colegio típico del área más poblada de la ciudad, donde concurren niños de diferentes razas, hay por lo menos un 50% de padres desempleados y un 20% de padres ausentes. El director designó a un maestro especial para que trabajara con estas familias y en otros colegios similares se creó el puesto de *maestro de coordinación hogar-colegio*. La disciplina caótica en el hogar, a menudo con incidentes de delincuencia juvenil, vandalismo y violencia física, es rápidamente intuida por los maestros. Ellos notarán irritabilidad, falta de concentración, aislamiento, agresividad y tristeza, que pueden aparecer como consecuencia de que un progenitor se haya ido de casa.

Quizás las cosas no estaban muy bien antes de que se fuera, pero en la mayoría de los casos se manifiesta verdadera tensión en el niño cuando el padre "solo" ha perdido el control. La pobreza y el bajo nivel de vida tienen un papel importante: la madre luchando para poder vivir de los ingresos; el padre tal vez no respete los arreglos de contacto con los hijos, hechos cuidadosamente, o quizás haya desaparecido; los adolescentes se vuelven violentos; la irritación se exacerba, los niños crecen en estado silvestre y se "hacen la rabona" del colegio.

Hijastros

El colegio puede ser un lugar seguro para un hijastro confundido. Un buen maestro advertirá si un niño es molestado por otros que lo interrogan sobre la nueva familia o el nuevo nombre. Algunos niños se cambian el nombre en el colegio, para impedir que los molesten y evitar que se creen confusiones, usando sólo en casa el *verdadero* nombre del padre. Algunos niños, por supuesto, absorben toda la atención y se jactan de ella, mientras que otros detestan la situación y se avergüenzan. Algunos de ellos dicen que su padrastro es su padre, solamente para ser "igual a los demás".

Los maestros pueden ayudar a estos niños, haciendo que el día escolar sea lo más tranquilo y ordenado posible, controlando si aparecen signos de angustia prolongada. Si lo advierten no deben dudar en pedir ayuda. A menudo, a las madres no les gusta pedir ayuda porque es para ellas una muestra de haber fracasado, pero si una maestra solicita una reunión, tal vez con la psicóloga del colegio, entonces, pueden considerarla como una verdadera ayuda para el niño, más que para la madre.

Cuando una maestra preguntó delicadamente si una familia podía hacer el esfuerzo de ir a una muestra de pintura, el padrastro dijo: *"Tiene todo lo que quiere, le regalé una caja de pinturas"*. Y cuando se le preguntó a la madre si podía salir del trabajo para asistir, ella respondió: *"Yo hago mi trabajo, tú haz el tuyo"*.

Finalmente el niño se volvió agresivo, rompió un plato en la cabeza de otro niño, y derramó el agua sucia con pintura en sus dibujos. El director tuvo que llamar a ambos padres para que fueran al colegio, por lo que el niño estaba muy contento. Aun en la dirección, los padres se peleaban; el padre le decía a la madre que era una mala madre; la madre le decía al padre que le había hecho daño al niño con sus visitas infrecuentes. Acordaron ver a un terapeuta de familia y el niño se calmó;

sospecho que por haber ganado su atención, porque sus padres al fin reconocieron su existencia. No fue porque su madre y su padre se propusieron ser mejores padres.

Ir a un nuevo colegio

Si un niño es nuevo en el colegio porque tuvo que mudarse a causa de la separación, se le debe prestar más atención, ya que el sentimiento de aislamiento se puede volver más agudo. Si se le permite hablar de su viejo colegio, de sus viejos amigos, de su familia y de sus mascotas se le ayudará a sentirse menos extraño. Un imprudente *"Nosotros no hacemos eso en este colegio"*, sólo puede incrementar la desesperada soledad del niño.

Negarse a ir al colegio

Este es un problema típico y puede tener diversas causas. Después del divorcio, la causa más común es el miedo; un progenitor los ha abandonado y temen que el otro desaparezca mientras no están. El pánico también puede invadirlos cuando se aproxima la hora de ir a casa. Sólo asegurándoles permanentemente que su madre va a venir y que la maestra se quedará hasta entonces, se logrará que el niño se relaje, pero esto puede llevar semanas y hasta meses.

"La maestra es mi amiga"

A esta edad es probable que los niños pasen la mayor parte del día con una maestra, de manera que la relación con ella se parezca a la de una madre sustituta. Obviamente, esta afinidad es reconfortante para un niño con un hogar problemático, tal vez no le cuente a la maestra todas sus preocupaciones pero se sentirá libre de hacerlo si así lo desea.

Sally, de siete años de edad, una niña brillante, de pronto comenzó a hablar "como un bebé" y a hacer garabatos en el cuaderno en lugar de escribir; a la hora del almuerzo pidió una cuchara y que se le diera de comer en la boca. Su maestra, inteligentemente, no hizo ningún comentario y combinó una reunión con la madre, el padre, el director del colegio y un terapeuta de familia. Su madre habló casi todo el tiempo, explicando que Sally estaba seriamente enferma, casi "mentalmente desequilibrada" y que hacía berrinches todas las noches, gritando y tirándose al piso. *"Tuve que ponerle la cabeza debajo de la ducha fría para que parara"*.

Se enteraron de que los padres estaban por separarse, que todas las tardes se peleaban violentamente y que los gritos de Sally eran vanos intentos de apagar esos sonidos. En el colegio estaba tratando de recordar sus épocas de bebé, en las que no había gritos y ella era feliz. Finalmente, se arregló que la niñita viviera con el padre, y que una tía tuviese la gentileza de ayudar en la casa. En unos pocos meses, Sally volvió a ser una alumna modelo, que leía y escribía con un nivel superior al de los niños de su edad.

Signos físicos de angustia

Las presiones en un niño pueden reflejarse en su salud. A algunos se les inflama la garganta, otros tienen retorcijones en el estómago, dolor de oído, de cabeza o erupciones en la piel. El asma puede empeorar, siendo una exteriorización de los intentos del niño por elaborar los problemas emocionales. Siempre se le debe informar a la enfermera del colegio acerca de la situación familiar del niño.

Carencia afectiva

Un psiquiatra de niños señala que: *"En muchas clases casi nunca se advierte o se detecta la carencia afectiva"*; otra vez se da por sentada rápidamente una hipótesis. En muchos colegios selectos, situados en áreas "privilegiadas" y a los que concurren no muchos niños, los sentimientos de tristeza y rechazo de los pequeños pueden ser desgarradores. *"Fui un error"* —dijo Charles, de nueve años. A una maestra comprensiva y paciente, le llevó varias horas devolverle la confianza al niño y posibilitar que se sintiera querido.

Vanessa, de ocho años, se negaba a comer en los almuerzos del colegio y su maestra habló con la niñera que iba a buscarla. *"Su madre dice que quiere llamar la atención y que no hay que hacerle caso"*. Cuando pasó el tiempo, la niña se volvió más antisocial y la directora hizo más averiguaciones. La madre había dejado al padre porque "no estaba nunca". Después del divorcio, se empleó en un trabajo que le exigía viajar asiduamente y dejaba a Vanessa con una serie de niñeras. El padre estaba viviendo en un hotel en Londres, donde Vanessa pasaba fin de semana por medio. Sus únicos amigos eran los dos hijos de otro rico matrimonio divorciado, cuyo único entretenimiento era pasarse horas en la lavandería del hotel de cinco estrellas.

Por desgracia, ninguno de los dos padres pudo comprender por qué razón su hija se "hacía notar", pero este era el único modo que se le ocurría para llamar su atención y reclamar su cariño.

Robert, de seis años de edad se me acercó en el recreo y me dijo: *"Los grandes no pueden evitar enamorarse"*. Su cara reflejaba inocencia y continuó: *"Mi mamá estaba caminando en el parque, se encontró con Peter y se enamoró. No fue culpa suya"* —dijo con bastante furia, como si le hubieran dicho que no olvide esas palabras. Fue conmovedor, estoy segura de que su joven madre trataba de comunicarle gradualmente su separación. *"Vamos a vivir en una casa nueva"* —agregó. ¿Iba a mencionar al padre? ¿Lo iba a hacer yo? *"Papá se va a quedar en la casa vieja y voy a poder visitarlo."* Me facilitó las cosas. *"Bien, entonces podrás verme a mí y también a tus compañeros de colegio. Tendrás dos hermosas casas, es bárbaro, Robert"*. Cuando su madre fue a buscarlo le dije que Robert me había contado algo de sus nuevos planes. Parecía aliviada y me respondió que tenía pensado contármelo en la semana.

Entonces me di cuenta de que no importa la facilidad para expresarse que tuvieran los padres, lo responsables y cariñosos que pudieran ser, un niño necesita recurrir a alguien más. No quiere que se entrometan ya que nada puede cambiar la situación ni modificar la decisión de los padres. No hay que criticar, no es lo que desea el niño, pero sí quiere que alguien lo escuche. Decirlo en voz alta, sacarlo afuera ayudó a Robert a compartir su angustia por lo que estaba pasando en su familia.

Escuché a algunas maestras decir: *"No queremos saber acerca de cosas como esa, no en el colegio, dejen esa clase de cosas para su casa"*. Para estos niños, eso es mucho más cruel de lo que las maestras puedan imaginar, porque tal vez no tengan *ninguna otra persona* con quien hablar.

Entonces, ¿cómo pueden ayudar las maestras?

Jennifer de diez años, comenzó a tener problemas de conducta en el colegio, desafiando a la autoridad. Estaba muy irritable, se peleaba con otros niños, iba a clase con las manos sucias y el pelo sin cepillar. Su madre estaba intolerante con ella porque sabía que Jennifer quería vivir con su padre. *"No, hasta que tengas dieciséis años y puedas decidir por ti misma"*. *"Yo sé"* —respondía la niña. Estaba cerca de su padre, con quien pasaba dos semanas por medio. Cuando su madre fue a una reunión de padres, la inteligente maestra de Jennifer le dijo: *"A veces la mejor manera de estar con los niños es dejarlos ir"*. La madre, que esperaba conversar acerca del pobre rendimiento de su hija en el colegio, se enojó; pero después de dialogar un poco más con la maestra, luego con el director, con la psicóloga educacional y con un asistente social, accedió a hablar con su ex marido. Finalmente todos acordaron que sería mejor que Jennifer viviera con su padre. *"Quiero mucho a mamá por haberme dejado"* —dijo la niña, que todavía sigue viendo frecuentemente a su madre. Su trabajo escolar y su conducta mejoraron en pocos días.

La maestra de Jennifer pudo dar apoyo a toda la familia, pero muchos maestros de primaria necesitan una guía para poder colaborar con los padres:

- Permanece disponible como confidente, nunca presiones al niño para que hable.
- Mantén contacto estrecho con el progenitor que vive con el niño, viendo si hay cambios en el rendimiento o en la conducta; muéstrale al progenitor que los problemas de su hijo no son exclusivos y que disminuirán.
- Ayuda a que los padres adviertan que los adultos y los niños tienen diferentes perspectivas de las relaciones, que su hijo no necesariamente está sintiendo las mismas emociones que ellos.

Continúa tratando a estos niños en la clase, de la misma manera que a los otros, creando una atmósfera familiar y estable.

A veces es difícil para un maestro ser imparcial cuando los padres le cuentan historias opuestas. Deben recordar que es el niño el que sufre.

Dos niñas de seis años que eran muy amigas, resultaron ser hermanastras; el padre de una se casó con la madre de la otra después de que ambos se divorciaran. Oí que se peleaban por quién le había robado a la otra un progenitor. Era doloroso escucharlas en clase y oír una nota de cinismo adulto insinuándose entre ellas. Muchas de las palabras que empleaban obviamente repetían las de sus padres y advertí la atmósfera de amargura que ambas debían estar viviendo en el hogar. Aun con la ayuda de la maestra especial y la cooperación de los padres, fue necesaria mucha comprensión, como así escuchar y explicarles que los padres habían elegido casarse y ¡que ninguno de los dos había sido un ladrón!

El colegio secundario

En un colegio secundario importante, donde los alumnos se trasladan de aula en aula para cada clase y tienen diferentes profesores para cada materia, hay poca probabilidad de que se cree con un niño la armonía que se puede lograr en el colegio primario.

En algunos establecimientos, los adolescentes no saben a qué profesor recurrir si lo necesitan. Esta tarea queda a cargo de miembros del personal y no hay dudas de que algunos son más capaces que otros en la tarea de aconsejar. Los profesores, por definición, están allí para enseñar, pero tal vez un niño no quiera que le *enseñen* sino que lo comprendan. Sus padres le están diciendo qué hacer, dónde vivir, con quién vivir. Quieren que alguien escuche *su* opinión, *sus* angustias por el futuro.

Christine depositó su confianza en su profesora de pintura y le contó todo acerca de que su madre se había ido con otro hombre y lo enojada que estaba:

"Creí que iba a ser comprensiva pero en lugar de eso comenzó a decirme lo que tenía que hacer y cosas para justificar a mamá, como que las mujeres necesitan expresarse y todo lo que papá aprendería al cuidarme a mí. Nada acerca de mí o de mis sentimientos. Deseé no haber hablado".

Un intercambio de opiniones con un alumno mayor puede ser bueno, pero en tiempos difíciles la única persona que podrá ayudar a un adolescente es aquella que escucha con el corazón. En algunos colegios, un consejero escolar visita a los alumnos una vez por semana y puede concertar con él charlas privadas. Erica de dieciséis años, dijo: *"Me daba vergüenza contarle mis sentimientos a mi profesora, pero a la consejera pude contárselos; me sentí bien".*

A qué deben estar atentos los profesores

Los signos de tensión no siempre son obvios. Elementos comunes como falta de concentración y disminución en el nivel de rendimiento de aprendizaje pueden deberse a causas distintas de una ruptura en el hogar. Sin embargo, cuando estas van acompañadas por depresión, posibles respuestas agresivas frente a la crítica y repentino desafío a toda autoridad, un profesor sensible puede disponer de un tiempo para conversar con el niño, también con sus amigos para ayudar a que lo comprendan. Algunas escuelas tienen una sala tranquila, especial para estas charlas.

Algunos niños se vuelven *más* atentos en el colegio, produciendo un excelente trabajo, por lo que los profesores sienten que está bien. Pero la laboriosidad puede ser un modo de reaccionar frente a las dificultades en casa, y el colegio debe permanecer alerta a los signos de reacciones tardías o de dificultades.

Como consecuencia del divorcio de sus padres, los muchachos de alrededor de quince años, particularmente, tienden a deprimirse y a no concurrir al colegio, mucho más que las niñas. Gran parte de esta agresividad masculina en la adolescencia es atribuible a un profundo resentimiento y enojo con los padres varones por negarles un verdadero modelo de masculinidad y, en consecuencia, esto se proyecta a toda autoridad. Se sienten privados y no saben cómo manejarse con delicadeza o con sensibilidad. Por ese motivo, tienden a reaccionar con una conducta violenta u ofensiva. Los profesores varones que puedan ayudar a estos jóvenes a cultivar la parte tierna y sensible de su personalidad estarán dando una ayuda vital al niño y a su familia.

Los padres también pueden ayudar

Muchos padres están tan absortos en sus propias preocupaciones durante este tiempo tan tensionante, que es comprensible que el colegio sea para ellos un sitio donde dejar a los niños durante cinco o seis horas por día. Muchos trabajan y tienen grandes responsabilidades. Una madre puede ir al colegio y hablar de sí misma, volcar todo su resentimiento con su ex pareja y usar el colegio como si fuera su consejero; a menudo hay que señalarle que su hijo no tiene el mismo resentimiento que ella en contra de su padre, y que querrá sentirse libre de poder verlo tan frecuentemente como antes. Puede venir otro progenitor y decir que a su hijo "le va bien", cuando en realidad su trabajo o su conducta en el colegio revelan otra cosa.

La norma básica para los padres es que los sentimientos de los niños deben ser lo más importante. A veces, es el profesor el que explica al padre cuáles son esos sentimientos y lo sorprenden los deseos de su hijo, muchas veces opuestos a lo que él *presumía*.

La madre de June le dijo a su profesora: *"Pronto su vida se estabilizará. Me vuelvo a casar y podremos darle un hogar feliz"*. Ese mismo día, más tarde, June le dijo a su profesora: *"Si mamá se casa con ese hombre, me iré de casa"*.

El rol del colegio

Algunos colegios distribuyen un boletín que firma el director, en el cual el niño, el progenitor que vive con él y el director acuerdan acerca de qué es una conducta razonable. A veces se estipula una hora específica para ir a dormir y en casos peores, el niño puede estar bajo promesa de no pegarle a su madre, de no robar, lastimar a su hermana, patear al perro o faltar a la escuela.

Ningún profesor puede transformar repentinamente a un niño agresivo en un ángel, o a un padre desinteresado y poco atento en una madre o padre modelo. Pero si un niño ve que el profesor se preocupa suficientemente por él, le concede su tiempo y hace participar a sus padres, apreciará este cuidado.

"Nunca nadie me había preguntado mi opinión" —comentó Brian, de trece años, quien sugirió el mismo procedimiento con su hermano menor.

Actitudes de jóvenes y de profesores

"Sufrimos, somos hijos de un solo padre." "Vengo de un hogar dividido, ¿seré delincuente o algo así?"

Esto ocurre. Los niños necesitan apoyo y comprensión y ¡no hace falta tener una inteligencia brillante para encontrar la manera de dárselos!

Contrariamente, muchos profesores tienen la siguiente actitud: *"Viene de un hogar dividido, pongámoslo en el nivel más bajo".* Están anticipando que tendrá problemas, mientras que en muchos casos, a causa de los traumas vividos en sus hogares, estos jovencitos se han vuelto más maduros y más comprensivos y pueden, con el aliento y el estímulo de sus profesores, sacar ventaja de esto en el colegio.

Susan, de catorce años, dijo: *"Logro hacer muy bien las cosas del colegio. Todos los profesores presumen que tendré problemas, por lo que nunca se enojan conmigo. Saben que mamá se fue de casa y piensan que estoy inestable. Pero, de hecho, papá se arregla muy bien con todos nosotros, es un gran padre. Esto hizo que estemos más cerca. Pero los profesores aún me tratan como a una niña desposeída".*

Los profesores tienden a olvidar que muchos hogares con ambos padres tampoco dan espacio al trabajo y a la concentración.

Otros profesores señalan: *"Hay menos peleas en casa cuando los padres viven separados, por lo que los hijos están más tranquilos; tienen más atención de ambos padres y hay menos discusiones por la disciplina".* Un director agregó su consejo: *"Nunca castigues a un niño porque sus padres se separaron; puedes ayudarlo a superar la situación".*

93

Asistencia pastoral

Los colegios secundarios tienen acabados sistemas de asistencia pastoral que se han establecido para asegurar que el bienestar general de los niños esté tan cuidado como los aspectos educativos. No hay tabúes sobre las diversas cuestiones, lo que importa es abordar los temas. Ayudar a los adolescentes a formar actitudes es una responsabilidad enorme y los profesores, por su conocimiento acerca de las etapas de desarrollo, están en mejores condiciones que los padres para evaluar los temas apropiados para cada clase (insumo de alcohol y drogas, perversión sexual, asesoramiento en caso de fallecimiento, etc.). La educación moral no es enseñar qué está bien y qué está mal; significa ayudar a cada persona a reconocer que las elecciones morales existen.

Un conciliador con experiencia piensa que la asistencia y el consejo "pastoral" pueden extenderse aún más e incluir:

Enseñar a los niños a relacionarse y lograr una empatía con los demás. Una cuarta R, *relación*, puede agregarse a las tres R denominadas *habilidades básicas**. Saber cómo relacionarse es tan importante en la vida como saber leer, escribir y calcular.

También sugiere que: debe ser una parte básica del programa, enseñarles a nuestros niños cómo reaccionar frente a los conflictos, sin escapar de ellos ni recurrir a la violencia. Una prioridad en la educación —conducente a crear relaciones más satisfactorias— ha de ser la de que aprendan a escuchar y responder a otras personas con quienes están en desacuerdo, es decir, aprendan a "negociar" civilizadamente.

---

* *N. del T.:* Las 3 R son la lectura, la escritura y la aritmética.

Desertores

Entre los consejos a los jóvenes de sexto año, acentuaría la necesidad de advertirles constructivamente acerca de la decisión de irse de casa. La mayor parte de los adolescentes quieren mostrar su independencia lo antes posible y aquellos con una familia dividida tienden a estar más ansiosos por irse de casa. Nadie quiere apagar su entusiasmo, sus ganas de tener aventuras, pero se les debe proporcionar información práctica acerca de qué esperar del mundo "exterior", especialmente si vienen de áreas rurales.

Tal vez crean que lo saben todo, pero escuchen la experiencia de Pete, de dieciocho años:

"Les advertiría a todos los que quieran dejar el colegio, acerca de las dificultades que pueden encontrar para conseguir trabajo o lugar para vivir en una ciudad grande, en cualquier lugar del mundo. Me fui de casa para escapar de mi padrastro y dormí mal durante tres meses. ¿Qué posibilidades tenía de tener una apariencia lo suficientemente respetable como para ir a una entrevista de trabajo después de pasar una noche en el banco de una plaza?"

Colegios pupilos

Se conocen casos en los que los padres mandan a sus hijos a colegios pupilos mientras tienen lugar los procedimientos de divorcio. *"Será mejor para ellos estar lejos del drama".* Pero, si de pronto envían al niño lejos del hogar, se sentirá doblemente rechazado, a menos que esto haya sido conversado y arreglado mucho antes de que comenzaran los problemas familiares.

Kate tenía diez años y muchas dificultades en el colegio primario. *"Un colegio pupilo sería bueno para ella"* —aconsejó la directora. En la mitad del primer bimestre, descubrieron a Kate robando cosas a otros niños. *"Me sentía tan aislada por los preocupantes cambios ocurridos en casa, que traté de que me expulsaran."* Al final, Kate se enteró del divorcio de sus padres.

Bárbara, de doce años, fue enviada a otro lugar *"por tu salud, querida"*. Una noche, en su dormitorio, otra niña le dijo: *"Tus padres están separados, ¿no? ¡Me parece que es por eso que estás aquí! Eso significa que pronto se divorciarán"*. Bárbara no tenía idea de esto y lloró amargamente porque las otras niñas se enteraron antes que ella.

Polly, de catorce, tenía dificultades en casa, porque enfrentaba a los padres con furioso rencor. El psiquiatra de niños les aconsejó que la enviaran a un colegio pupilo: *"Deben decirle que la mandan allí porque eso posibilitará que terminen con el infeliz matrimonio. Deben hacer su propia vida y mostrarle a su hija cómo hacer la suya"*.

Para sorpresa de todos, funcionó. Polly comenzó a ser más independiente y a pasar las vacaciones, alternadamente, con cada uno de los progenitores.

Mucho depende del maestro. Una adolescente dijo que el colegio pupilo era: *"Muy bueno, pero que los profesores elegían a las niñas de hogares divididos para otorgarles privilegios; nos sentíamos horriblemente diferentes"*.

¡No es tarea fácil! Las maestras y profesores de colegios pupilos están en una posición privilegiada para escuchar preguntas secretas, descubrir miedos ocultos, clarificar ideas erróneas. Habrá veces en las que será más apropiado dejar solos a los niños. Necesitan privacidad; los adultos tienden a confundir privacidad con independencia.

Muchos padres sienten que es mejor esperar que los niños terminen el colegio, para separarse. Sus motivos son bienintencionados y si pueden evitar excesiva tensión en el hogar, a menudo vale la pena el sacrificio por sus hijos. Sin embargo, a veces olvidan que cuando los adolescentes que están a punto de irse de casa por primera vez, se enteran de que su hogar está por dividirse, pueden comenzar sus vidas de adultos con un terrible sentimiento de inseguridad. Esto, a menudo afecta muy seriamente sus estudios universitarios o sus primeros meses de principiantes.

7

HIJASTROS: LOS TUYOS, LOS MÍOS Y LOS NUESTROS

"*M*e sentí diferente cuando le dije a mi amiga que iba a pasar Navidad con la madre del ex marido de mi madrastra*".

Quedé convencida de la complejidad de estas familias cuando una niña evocó sus recuerdos de infancia, que habían comenzado para ella a los cinco años: *"Nunca viví una atmósfera normal en casa, en realidad nunca viví con una pareja que se amara"*.

Me parece que vivir en una familia con padrastros, hijastros y hermanastros puede tener efectos más significativos y trascendentes que los que tiene un divorcio. Ni el mito de la madrastra perversa, ni la unión de dos hogares para formar una gran "Familia Feliz", describen la dura realidad de ser un hijastro, para la mayoría de los niños. Siento que las palabras en sí, padrastro o madrastra son muy poco felices. Un padre sustituto sólo puede ser aceptable, en los casos excepcionales en que los hijos son bebés y un progenitor natural ha muerto o desaparecido. De no ser así, sugerir a un niño que fue forzado a vivir lejos de un progenitor, que considere a otro adulto como su madre o su padre, es agregarle sal a las heridas.

"Por supuesto que nunca podré reemplazar a tu madre" —dijo una recién casada a dos hermanas de ocho y diez. *"Nadie te pidió eso"* —obtuvo por respuesta. Cuando la relación es armónica, escuché que empleaban el término mi otra

madre, que es por supuesto más adecuado y menos amenazador.

Las primeras reacciones

Con frecuencia el divorcio ocurre alrededor del décimo año de matrimonio, por lo que sus hijos todavía son pequeños. Estos padres quieren que se les dé una segunda oportunidad y formar mejores hogares para sus hijos, por eso el número de nuevos matrimonios crece año a año.

"¿Serás nuestro papá?", ¡no es una pregunta que no pueda hacer con frecuencia un niño de cuatro años a un hombre que vino a la casa! Volver a ser una familia con ambos padres es lo que ellos desean. Sin embargo, la realidad no es tan simple: *"¡Vete, tú no eres mi papá!"*, requiere un manejo delicado. Los niños pequeños pueden sorprender a los padres, con agudas perspicacias.

Para los niños mayores, el conflicto se agrava: *"¿Quién es la joven mujer que papá trae a casa?" "¿Acaso va a traer a esos niños llorones con ella?" "Ya tenemos mamá, gracias, no te necesitamos"*.

Si los padres piensan que la separación es difícil de explicar, volver a casarse es más difícil todavía, ya que hay pocas entidades a las cuales recurrir para pedir ayuda. *Se frustran todas las esperanzas de que los padres vuelvan a estar juntos.* Cuando los hijos advierten esto, sus reacciones son variadas y temperamentales.

Tom comenzó a desordenar la casa, deliberadamente, vaciando cajones y cómodas y deshaciendo las camas. Su hermano Bill, que era más tranquilo, dijo que sentía *"como si algo dentro de él hubiera muerto"*. Ambos niños se dieron cuenta de que su madre no iba a cambiar de opinión y estaban haciendo el duelo por la pérdida.

La madre de Natalie comenzó a criticar al padre, trató de impedir las visitas de los niños, insinuando rumores acerca de sus relaciones amorosas y quejándose de que él no les pasaba dinero. Al mismo tiempo, les contó que se iba a volver a casar. *"Debes ser buena con él"*. Natalie le tenía rabia a este extraño, y cuando él impidió que llamara por teléfono a su padre se enfureció:

"Tenía trece años y me sentía con derecho a hablarle a mi propio padre. Cuando papá se mudó, no le dije a mamá su nuevo número de teléfono".

Qué triste es cuando los hijos deben recurrir a modos secretos de comunicarse con el progenitor ausente. Carla (de nueve) y Mike (de once) tenían una contraseña previamente arreglada con su padre de tres llamados antes de atender. Vivían con su madre y su padrastro:

"Cuando mamá quedó embarazada no quiso que estuviera más con ella. Mike me defendió y entonces mi padrastro dijo que él también debía irse. Llamamos secretamente a papá esa noche, nos vino a buscar y no volvimos nunca más".

Vivir en un hogar extraño

Todos nosotros recordamos haber visitado las casas de nuestros amigos y aunque nos gustase, siempre era bueno volver al propio hogar: *"El padre de Jane hace que haga los deberes los sábados a la mañana"; "¡La familia de Pam no come en la cocina!"*

Las casas de otras personas son diferentes. Entonces, imagínate si tú como hijo, tienes que *vivir* permanentemente así.

Es mucha exigencia pedirle a un niño que se mude a la casa de un hombre extraño, ya que tal vez todavía esté tratando desesperadamente de aceptar que un progenitor lo ha dejado.

Tiene que presenciar cómo ese hombre se ha apoderado de la vida de su madre y sentir que se entromete en los momentos en que necesita estar con ella. Aun si su propio progenitor no ha sido un buen padre, esta nueva situación va a despertarle una amplia gama de emociones intensas; miedo, resentimiento, rabia y a menudo gran tristeza y un sentimiento de impotencia cuando la vida se desmorona a su alrededor y no hay nada que pueda hacer para impedirlo o mejor, para volver atrás.

Celia, de once años: *"¿Cómo puedo sentirme feliz aquí? Estas personas no son mi familia. Me siento como una invitada y lo que es peor, no puedo volver a casa".*

Cuando los padres se vuelven a casar muy pronto

Una familia con padrastros, hijastros y hermanastros nació de una pérdida, ya sea por muerte o por divorcio. Ambas pérdidas necesitan un tiempo de duelo, que de acuerdo con muchos terapeutas de familia, puede llevar de tres a cinco años. Si se obliga a los niños a vivir con una nueva familia demasiado pronto, no estarán emocionalmente listos para elaborar nuevas angustias: *"¿Eso significa que nunca más podré ver a papá?" "¿Cómo me llevaré con estos otros niños?".* Es entonces cuando aparecen las acusaciones de haber "robado" a un progenitor.

Annie, de nueve años, amaba muchísimo a su madre, sin embargo dijo: *"Hice todo lo que pude para arruinar el casamiento".* Cuando destaparon el champán, se negó a brindar. *"¿Qué hay que celebrar?"* —dijo en voz alta.

El casamiento puede ser un asunto controversial en sí

101

mismo. Nigel (de trece): *"Le pregunté a papá por qué no me había invitado a su casamiento, y me contestó que su esposa y sus hijos no querían. Eso me hirió muchísimo. Me di cuenta de que yo ya no estaba primero para mi papá".*

Cuando se casa un padre viudo, todos sonríen amablemente a los hijos a quienes, cuando son muy pequeños, habitualmente se los incluye en las palabras del servicio matrimonial. Pero cuando se trata de un padre divorciado raramente se considera al hijo. *"Los invitados ni siquiera me dieron la mano después de la boda"* (Gerry, de catorce). Realmente necesitan mucha atención y sentir que se los incluye.

Otros sienten que no pueden enfrentar la situación. Martin llamó por teléfono a su padre la mañana de la boda de su madre. *"Mamá se casará hoy y a mí no me gusta Bill. ¿Puedo volver contigo?".* Martin tuvo suerte porque su padre tuvo la inteligencia y el coraje de hablar con su ex esposa, incluso en ese momento desagradable; acordaron que el niño se quedara con su padre por unas semanas y que tuviera visitas mucho más flexibles.

Algunos progenitores, especialmente los padres, no les cuentan nada a los hijos, hasta después de haberse casado de nuevo. Craig, de doce años, aunque ve a su padre todos los días, recibió una carta de él dándole la noticia. *"¿Recuerdas que has visto a Marilyn el mes pasado? Bueno, ella es mi nueva esposa".* Quedó a cargo de la madre responder las preguntas del niño confundido.

Cuando la madre se vuelve a casar

"Viví con mamá durante cuatro años desde que papá se fue. Ahora se casó con Jim y aunque él es muy bueno, ma y yo ya no hacemos más cosas juntos. Ellos se van al cine sin mí. Mamá pone los programas de TV que él quiere y cocina las comidas que a él le gustan."

Rosie estaba celosa, pero qué queda para Rachel, que tenía que vivir con dos hermanastros y un padrastro. La madre de los niños había muerto y le solían decir a Rachel: *"Es fácil para ti, puedes ir con tu papá cuando quieres, pero nosotros jamás podremos ver a nuestra mamá."* *"¡Eso es, tengo papá, por eso no quiero el de ustedes!"* —la pequeña niña respondía gritando.

Todos eran niños de menos de diez y habían comprendido lo más importante: el hecho innegable de que los padres son para siempre, no hay ex padres, sólo ex maridos y ex esposas.

Aunque obviamente su rol está lejos de ser fácil, la actitud de un padrastro puede ayudar a los niños, especialmente si se muda a la casa de la madre. *"¿Quién dijo que te puedes sentar en el lugar de papá?"*. *"Papá nunca pone sus pantuflas en la sala de estar"*.

Es difícil actuar como ellos esperan; se sabe que los niños entre nueve y quince son los últimos en querer aceptar a un padrastro. Berry, que se fue de su casa a los dieciséis, dice: *"Hubiera querido que mi padrastro fuera menos simpático. No había disciplina, era un caos"*.

A Ken le ocurrió lo contrario, pero también se fue de casa tan pronto como pudo: *"Mi padrastro me daba miedo, era muy estricto. Lo odiaba, nunca dejó que mencionara a papá delante de mamá"*.

Tal vez la madre natural tampoco era una buena madre, le echaba toda la culpa a su ex marido y apartaba a sus hijos de él con ásperas criticas. Neil (de catorce):

"Mamá pensaba que sería maravilloso para mí tener allí una figura paterna, porque papá vive en Estados Unidos de América, pero yo odiaba a ese hombre justamente porque estaba allí, tratando de ser mi padre. Si lo hubiera conocido como amigo me hubiera parecido bien, es un gran tipo. Pero odio cuando juega el rol de padre".

Todo esto se debe a la dramática incapacidad de tantos padres para romper emocionalmente con el pasado. Cuando lo logran, frecuentemente, las madres crean un maravilloso nuevo matrimonio. Los consejeros acentúan lo beneficioso que puede ser para los niños cuando ven, quizás por primera vez, una relación de pareja feliz, sin fricciones.

Mientras tanto, un padre puede sentirse desesperadamente celoso cuando se entera de que su propio hijo está viviendo con otra figura paterna. Por eso, muchos padres se mantienen alejados, ya sea resignándose a la pérdida o sintiendo genuinamente que será mejor para el niño. El niño puede sentir de otra manera.

Graham es un niño tranquilo e inteligente de quince años, que vive con su madre y su padrastro. Su única pena es que su padre no tiene mucho contacto con él. Incluso, cuando estaba por dar los exámenes para finalizar el colegio secundario, su padre no lo llamó ni le deseó suerte. Graham advirtió lo cuidadoso que era su padrastro con *sus* hijos y vio cómo podía ser un padre. Su padrastro nunca lo había hecho sentir excluido, pero Graham deseaba que su padre estuviera allí. *"Creo que sentí vergüenza por él"*.

Cuando el padre se vuelve a casar

"¿Por qué papá no era así con mamá?". Una adolescente confundida advierte la felicidad de su padre con su nueva esposa y le resulta difícil sentirse también feliz. Cathy, de doce años:

"Siento que ahora la esposa de papá es más especial que yo. Ya no puedo tener a papá para mí, y los sábados, cuando estamos todos juntos nos peleamos. Siempre tiene que venir a todas partes. También estoy preocupada por mamá, que se quedó sola".

Mis padres se divorciaron cuando yo tenía seis años. Vivo

con mi mamá y nos llevamos bien. Al principio cuando iba a lo de mi papá y su nueva esposa, era horrible. Tenía dos hijos y yo odiaba ver lo bueno que era papá con ellos. Creo que estaba celosa. Ahora soy más grande, disfruto de su compañía, son muy buenos conmigo. Pero nunca me atrevo a decirle a mamá lo bien que la pasamos.

Otra vez, la falta de comunicación entre los padres naturales causa una angustia innecesaria. Mandy, de doce años, tuvo una experiencia más feliz:

"Mi madrastra le pidió a mi mamá que le dijera cómo es la organización básica de mi casa, entonces yo sé que cuando me pide que haga algo es porque mamá quiere, eso está muy bien".

Molly, de catorce años, tenía una madrastra con ideas no comprensivas: *"Creo que no le importaba si yo estaba en la casa y mucho menos si estaba en la cama cada noche".*

Dos hermanos más pequeños tenían una buena causa para decir que su madrastra era "malvada":

"Desde la primera semana que vino a casa todo cambió. Vendió gran parte de nuestros muebles. Sacó nuestros cuadros, incluso los de nuestro dormitorio. Cuando papá llegaba a la tarde, salía con Sally y casi nunca lo veíamos".

Hijastros por horas

El padre de Tim vive en la vieja casa de la familia, pero visitarlo es para él una experiencia penosa. *"Es como ya no tener más una familia".* Tim (de diez), claramente ama a su padre, pero sus hermanastras toman a mal sus fines de semanas con ellos y se niegan a dejarlo a solas con su papá.

Tim padecía las típicas emociones ambivalentes acerca de todo eso, decía que estaba celoso de sus hermanastras por tener a *su* papá como padre, mientras que él no tenía a su padre en casa. Pero por otro lado, cuando le pregunté si le gustaría que su madre se volviera a casar, dijo: *"No. Sé que no podría soportarlo".*

La madrastra de John es quizás demasiado efusiva en darle la bienvenida cuando va a visitarlos, entonces le hace sentir que es una visita en su vieja casa. Pero cuando retorna a la casa de su madre es cuando comienzan los problemas. *"Mamá me pone frente a una especie de interrogatorio cada vez que vuelvo, quiere saber todo acerca de la familia de papá, hasta el último detalle. No creo que a papá le guste eso".*

Cuando el niño pasa a formar parte de otra familia, el contacto con su padre "ausente" cobra mayor importancia. El miembro de la pareja que se ha vuelto a casar, debe ocuparse voluntariamente de dar el permiso para que el contacto continúe. Los niños pueden aceptar a un padrastro o a una madrastra con mayor facilidad si no se le exige al padre natural que se resigne y también lo acepte.

Hermanastros y hermanastras

Los fines de semana pueden ser muy largos cuando hay dos grupos de hijastros. Nadie se siente realmente en casa, y si la falta de comunicación ya era parte del problema, dentro de la nueva familia esta puede volverse atemorizante.

De ser posible, las familias deben ser presentadas mucho antes de tener que compartir el mismo techo, es necesario advertirle a un hijo que ya no va a ser más el mayor o que va a tener que compartir las habitaciones o visitar a nuevos abuelos.

Habitualmente, a las familias les lleva más de dos años consolidarse y encontrar el modo de vivir cómodamente juntos.

Una vez que se han mudado, sin embargo, los padrastros y madrastras tienen que resolver sus propios problemas; los hijos de familias divididas, aunque aun sean pequeños, pueden darse cuenta de las debilidades de los adultos. Margaret recuerda haber pasado unas vacaciones de verano con su padre y su madrastra:

"Había tres niños y mi hermano y yo habíamos decidido odiarlos, nos habían robado a nuestro papá, ¿no? Pero cuando los adultos comenzaron a pelearse entre sí y parecía que se habían olvidado de nosotros, nos unimos y nos dimos cuenta que teníamos los mismos problemas. Entonces comencé a ver que mis padres eran tontos y no tan confiables".

La experiencia de Margaret no es poco habitual, los dos grupos de niños pueden a menudo ser buenos amigos. *"Cuando escuché que mi hija me preguntaba si podía traer a su hermanastra el día de la visita, supe que las cosas funcionaban bien."* Tenía razón; *"¡Que te digan que seas simpática con tu hermanastra es horrible!"* —dijo una niña de nueve años, pero si se hacen amigas por sí solas, crecerán con una gran amplitud en la percepción de las relaciones.

La segunda vez

No todo termina con un nuevo matrimonio. Steve acaba de enterarse de que su padrastro, con quien tiene una mejor relación que con su propio padre, se va de la casa. Otro hombre entrará y Steve se propuso no ser su amigo. *"Otra vez no, estoy cansado de que me dejen".*

Algunos niños viven historias de un segundo o tercer divorcio que casi parecen uno de esos viejos filmes de Hollywood acerca de dos niñas de colegio: *"Digby es un buen padrastro". "Sí, ya sé, lo tuve el año pasado".*

Una niña de catorce estaba mucho más afectada: *"Cuando*

mi padrastro se divorció de mi madre, comprendí que el matrimonio era algo malo, solamente peleas. Nunca me voy a casar".

Adolescentes

Aunque la etapa adolescente puede ser muy divertida, es también un período difícil; los adultos se vuelven poco comprensivos y la vida se torna complicada. De la misma manera, la vida de un hijastro puede ser divertida o traumática. Al unirse las dos situaciones, estos jóvenes adolescentes tienen dificultades, aparentemente imposibles de superar.

A Barry le resultaba muy difícil verse con su madrastra y sus tres hijos pequeños. Siendo un muchacho sociable, pasaba la mayoría del tiempo con sus amigos y sólo volvía a casa ocasionalmente, a comer o a dormir. Su madrastra estaba ofendida y sentía que Barry los trataba mal a ella y a su padre. Pero esa era la manera que tenía el muchacho de enfrentar la situación. Sólo viendo muy poco a su nueva familia, podía disfrutar los momentos que pasaban juntos.

Problemas sexuales y emocionales

Es natural que haya mayor conciencia de la sexualidad cuando hay adolescentes en la nueva familia. Por el hecho de ver que la madre o el padre han comenzado una nueva relación, la sexualidad puede despertar celos, enojo y a menudo escrúpulos. Les resultará extremadamente difícil aceptar la nueva pareja de su progenitor. A las niñas puede darles vergüenza que haya un hombre extraño en la casa, pueden sentirse amenazadas o atemorizadas. Un joven adolescente puede sentir enojo contra su madrastra y al mismo tiempo tener sus primeras sensaciones sexuales. Las emociones se vuelven muy confusas.

En algunas familias, niños y niñas adolescentes de pronto se encuentran bajo el mismo techo y esto requiere un manejo cuidadoso por parte de los adultos. Lo ideal es que estén en cuartos separados y que vengan a la casa todos los amigos que ellos quieran invitar para que las relaciones no se vuelvan demasiado claustrofóbicas.

Un bebé en la casa

Un bebé en una familia con padrastros, madrastras o hermanastros es habitualmente una situación feliz. Puede ser la primera empresa colectiva de la que participen y es posible forjar un vínculo que, con optimismo, mantenga a todos unidos.

Para algunas familias tal vez este recién llegado sea meramente otra razón para resentirse y sentir celos. *"¡Pareciera que para papá el bebé es el niño más maravilloso del mundo y para mí no es mejor que ninguno de nosotros!"*. Christopher tenía sólo siete años y no estaba sintiendo más celos que los que sienten la mayoría de los niños de su edad de familias "normales" cuando un bebé aparece en escena. Pero una vez más, los padres deberán proceder con mucho tacto; prestarles más atención a los otros hijos y asegurarles que van a seguir teniendo sus cuartos, sus juguetes y los preciados momentos a solas con mamá.

Si mamá está ocupada con el bebé, los hijastros que llegan de visita pueden sentirse un obstáculo o no tan bienvenidos y hasta no queridos. Se les está negando la emoción que puede despertar un medio hermano o hermana.

En estos momentos, el "otro" progenitor debe ser comprensivo y tener mucho control de sí mismo. Si puede mostrarse contento por la noticia, los hijos se sentirán también libres de ponerse contentos. Es muy duro cuando se les niegan estas emociones humanas básicas.

Adoptar a un hijastro

Muchos hijastros quieren cambiarse el apellido por el del padrastro, para ser "normales", en otras palabras: ser una familia en la que todos tengan el mismo apellido. Legalmente, esto no es posible sin el consentimiento del otro progenitor natural, o sin el permiso de la corte.

Janice, de diez años, cuya madre desea que su nuevo esposo adopte a la niña, no quiere ser adoptada y siente que su padrastro tampoco quiere. *"Si me adopta, ¿eso significará que mi padrastro será mi verdadero padre?"* —preguntó al terapeuta de familia, quien le aseguró que la decisión la tomaban ella y su padre. *"Pero todavía tengo miedo"* —dice.

Aun cuando se da consentimiento, debe tenerse en cuenta el futuro. ¿Y si hay un segundo divorcio? Julián recuerda haberse sentido feliz con el nuevo apellido de su madre, pero cuando creció y se casó, pensó: *"Quiero ser yo mismo"*. Recién en ese momento advirtió que la adopción implicó la pérdida completa de todos sus derechos, herencia y vínculos con su padre natural y con la familia de él.

Disciplina

En el hogar de una familia con padrastros y hermanastros, este es un tema difícil y muy discutido. Lo ideal es que las dos familias se puedan reunir para hablar, eso ayuda a resolver problemas como los horarios de las comidas y los de ir a dormir, las visitas de contacto, las cosas que gustan y que disgustan, las normas de la casa, etc.

Samantha es una traviesa niña normal de cinco años, que vive con su padre y su madrastra. Una vez por mes, pasa un fin de semana largo con su madre y su padrastro, donde lleva una vida de adultos: se queda despierta hasta tarde, va a comer afuera, emplea lenguaje adulto (a menudo fuerte).

Al padre le lleva varios días y mucha paciencia calmar a la niña después de cada visita. Trató de ponerse de acuerdo con la otra familia con respecto a la disciplina, pero no quisieron escucharlo. Cuando las dos familias quieren coordinarse, no es necesario que cambien el estilo de vida, pero si pueden conciliar pautas básicas y conductas, entonces los niños se sentirán mucho menos confundidos:

"Llevé al perro a mi cuarto y lo dejé dormir sobre mi cama. Mi madrastra me gritó y me dijo que lavara las sábanas; papá escuchó y comenzaron a pelearse. Yo sentí que era por mi culpa y pensé que habría otro divorcio en nuestra familia".

Por desgracia, estas pequeñas diferencias sobre conductas domésticas causan separaciones. Hace falta que entre en juego aquella cuarta R: relaciones.

En la medida de lo posible, se les debe decir a los niños qué está permitido y qué no en cada casa y se debe respetar a un adulto que tiene terror a los hámsters o no le gustan los perros. Ninguno de los dos hogares está haciendo bien o mal, simplemente son diferentes.

Nadie puede evitar los conflictos; las mejores familias del mundo los tienen; los malentendidos surgen a diario. Pero en estas familias con padrastros, madrastras o hermanastros bien vale la pena hacer un mayor esfuerzo para explicar las normas de procedimiento desde el principio.

Los niños a veces pueden ponerse muy difíciles:

"Me doy cuenta de lo mucho que debo haber herido a mi madrastra. Ella no esperaba que yo la llamara mamá sino, simplemente Gillian. Era cariñosa y yo debo haber sido para ella un dolor de cabeza. Yo hablaba todo el tiempo de mi madre, de que cocinaba mejores tortas, se compraba mejores ropas y hasta que manejaba mejor el auto, aunque no todo era verdad. Gillian era muy paciente. Pero pensándolo bien, yo estaba decidida a odiarla".

Estas situaciones pueden causar peleas y verdadera infelicidad en las parejas de casados. No es simplemente la travesura de un niño, es un sentimiento humano muy real de orgullo y enojo.

Sugerencias para padrastros y madrastras

¡Los padres que aceptan en su familia a los hijos de su pareja seguramente aman mucho a su pareja! Todos los padres saben lo críticos que pueden ser los hijos y que cuando están observando tu conducta con tus hijastros, se pondrán todavía más agudos para advertir tus errores. Si sienten que estás siendo injusto, o favoreciendo a sus hermanastros, es probable que creen problemas.

La culpa, como vimos en el Capítulo 2, no es tan problemática como mucha gente piensa; los hijos no necesariamente se sienten culpables cuando los padres se separan. Pero cuando se trata de un segundo matrimonio, a veces tienen buenas razones para sentir culpa. De hecho, Greg escuchó que su padrastro decía: *"Nuestro matrimonio nunca tuvo una oportunidad con tus hijos cerca, ellos han arruinado nuestra felicidad"*. Greg no podía reprimir su alegría cuando su madre dejó a su padrastro, pero al mismo tiempo nunca olvidó esas palabras y sintió el peso de la culpa por muchos años.

Guía para familias con padrastros, madrastras o hijastros

No puede haber reglas estrictas para vivir juntos. De hecho, hasta la Asociación de Familias con Padrastros, Madrastras o Hijastros ¡hablan de pautas de *supervivencia* en lugar de pautas de *convivencia*! Nadie puede dar por sentadas normas estrictas para padrastros; es una tarea difícil en la que no hay entrenamiento y para la cual muy pocos piden asesoramiento.

112

Primero recuerda que tú has elegido casarte. Tus hijos y tus hijastros *no tienen opción.* ¿Cómo piensas que se sienten? No son egoístas, aunque naturalmente sean posesivos con el padre con quien viven. También, por haber perdido a un progenitor, tienen miedo de perder al otro a causa del nuevo matrimonio. ¡Auxilio!

Debes darle a la nueva familia y a tu matrimonio *tiempo para crecer.* Las expectativas de que "todo se resolverá solo" en unas pocas semanas o meses no son optimistas sino más bien ingenuas; hay demasiadas vidas a tener en cuenta.

Dos padrastros y dos madrastras (dos madres y dos padres) me ayudaron a examinar libros y teorías de terapeutas especialistas. Ellos y muchos, muchos otros, generosamente, han compartido conmigo sus variadas y a veces dramáticas experiencias. Esto originó una lista de sugerencias para nuevos padrastros y madrastras. Luego, les pedí a seis niños (dos de ellos son ahora adultos jóvenes, dos son adolescentes y dos están en la escuela primaria) que chequearan la lista. Esta es su versión definitiva:

Guía para padrastros y madrastras

- Invita siempre a tus hijos a la boda.

- Di a tus hijos qué esperar de tu nueva pareja, incluyendo los defectos.

- No cambies de habitación a tu hijo para dársela a un hermanastro o hermanastra.

- Dale a tu hijo suficiente tiempo para estar solo con su verdadero/a padre o madre y permite que lo ame sin sentirse culpable.

- Trata de hacerte amigo de los niños, no un padre/madre sustituto/a.

- No hables mal de tu ex esposo o esposa, todavía es el padre/madre de tu hijo.

¡Qué lista formidable! Pero los niños son muy rigurosos con la justicia y decidieron que sería justo hacer también una lista para ellos. Ellos y otros, lo suficientemente amables como para querer hablar conmigo, vinieron con la siguiente guía (que permitieron que los padres editen):

Sugerencias para los hijastros

- Trata de hacerte amigo de la nueva pareja de tu mamá o tu papá.

- No olvides que tu padrastro/madrastra ama a tu padre/madre y que se siente tan perturbado por la situación como tú.

- Recuerda que tus hermanastros se sienten tan extraños como tú.

- Trata de comportarte en la casa de tus padrastros como lo haces en la casa de otros amigos.

- No compares demasiado tus dos hogares, cada uno es diferente y tiene gustos diferentes.

Parece ser que la única esperanza de obtener éxito es compartir estas ideas y tener conversaciones acerca de todos los problemas y desafíos que se presenten. Si ambos pueden pedir ayuda el uno al otro, todo puede funcionar bien: una madrastra puede preguntarle a una adolescente cómo cocinar alguna comida, o arreglar los cuartos como le gusta a su padre. Un adolescente puede pedirle ayuda en su tarea a su padrastro.

Familias felices

Hemos visto muchos de los difíciles problemas que enfrentan los hijastros y sus padres. ¿Cuál es el lado positivo? Ya que el número de estas familias crece día a día, ¡debe haber cierto atractivo en la perspectiva de unir dos familias!

Melanie, actualmente de dieciocho años, tiene una historia muy feliz para contar:

"Mamá se divorció de papá cuando yo tenía doce y mi hermana diez. Papá se casó con Suzanne, quien también tenía dos hijas. Estábamos celosas, pero mamá no nos dejaba estar de malhumor; nos decía: '¿Por qué estar tristes si la felicidad es un sentimiento mucho mejor? Seguramente tener dos hermanas más será divertido'. Papá vivía a tres millas y podíamos ir en bicicleta cuando queríamos. Entonces mamá se casó con Phil que tenía tres hijos. Son geniales y viven con nosotros mucho tiempo porque su mamá es una alta ejecutiva de una compañía aérea y está mucho tiempo afuera. Ahora mamá y Phil tienen otro hijo y papá y Suzanne tienen una bebita, entonces ¡somos nueve todos juntos!"

De alguna manera, esa familia, o mejor dicho las dos familias parecen funcionar bien. *"Es gracias a mamá. Ella insiste en que pasemos todo el tiempo que queramos con nuestros padres verdaderos. Tenemos problemas, por supuesto y montones de peleas, ¿qué familia no las tiene?"*

Otros niños especiales

Se le preguntó a otra madre, con dos hijos de ella y tres hijastros: *"¿Cómo hace con esos otros niños?"*. Repentinamente inspirada, respondió: *"Pienso en ellos no como otros niños sino como otros niños especiales, así es como hago"*.

Inmediatamente, tres caritas se encendieron, había elegido las palabras correctas.

Incluso Annie, que por poco arruina el casamiento de su madre, ahora dice:

"Mi hermana, yo y otros amigos que conozco hemos madurado antes, por nuestras experiencias. Somos completamente leales y mucho más conscientes de que cada uno tiene ideas diferentes; aprendimos a respetar los deseos de los demás".

115

8

ABUELOS

"Si alguna vez me divorcio, no se lo contaría a mi madre, sé que no lo aceptaría."

Todavía hay abuelos que piensan que enfrentar un divorcio familiar es muy difícil, y algunos hasta se pelean con sus hijos cuando eso ocurre. Esta actitud anticuada no es muy frecuente, pero es un golpe duro para las parejas que se divorcian y un motivo más de tristeza para los niños. Sólo los adultos pueden sentir que una familia se tenga que separar, los hijos nunca lo sienten.

Dick y Angie tenían ocho y nueve cuando sus padres se separaron y Angie sentía que su abuela era la única persona con quien podía hablar: *"Pero ella se negó a hablarme por teléfono. Dijo que mamá estaba haciendo las cosas mal y que a mí me pasaría lo mismo si me quedaba con ella".* El padre de Angie estaba demasiado dominado por sus propios padres como para poder ayudar a sus hijos, que se fueron con su destrozada madre y nunca más volvieron a ver a sus amados abuelos.

Esta historia no es la única, pero por suerte no se repite tanto como las historias "felices" de abuelos que ayudan enormemente durante las crisis familiares. Una abuela fue una verdadera salvación para una joven familia. Su hija tenía sólo 25 años cuando su marido la abandonó y la dejó con dos niños muy pequeños y un bebé en camino. La abuela simplemente "se hizo cargo". Es una tarea difícil y el abuelo se ríe cuando sus amigos le hablan de su "jubilación", pero la pequeña familia está creciendo en un ambiente apacible y hogareño.

Actualmente, en Gran Bretaña, el número de familias que vive a corta distancia de tíos, primos y abuelos es bajo. Nuestros hijos ya no tienen oportunidad de disfrutar de sus abuelos, pedirles un consejo o, a la abuela, unas masitas recién hechas. A pesar de eso, los abuelos pueden ser una ayuda inestimable, en términos prácticos y terapéuticos.

La relación abuelo-nieto puede ser muy especial, y los niños que la tienen son enormemente afortunados.

Durante los días previos al divorcio, cuando el ambiente familiar está cargado de incertidumbre y fricciones, a menudo los abuelos proveen estabilidad a los niños, una falda tibia donde sentarse, una comida caliente después del colegio, un abrazo acogedor cuando ya no hay amor en su propia casa.

Un verano, la abuela de Sandy vio que su nietito estaba nervioso y advirtió que su hijo y su nuera estaban pensando en divorciarse y no se lo habían dicho a Sandy. Aunque solamente tenía siete años, se dio cuenta de que algo andaba mal. La abuela pudo ayudar a los padres a darle la noticia delicadamente y en cuanto al niño, a sobreponerse de la conmoción y la pena no sólo por la separación sino también por haberle ocultado sus planes.

Por supuesto, algunos abuelos tienden a interferir y hasta a agravar amargas peleas. *"¡Si tu madre trata de enseñarme cómo cuidar a los niños una vez más, no la dejaré entrar a la casa!"*. Todos hemos oído estas protestas de jóvenes nueras, pero si la situación realmente empeora, un matrimonio débil puede quebrarse y los hijos pueden perder contacto con sus amados abuelos.

"El abuelo dice que papá es malo y que está contento de que lo dejaste. Papá no es malo, ¿no es cierto, mami?". Por desgracia, los abuelos, a veces, pueden dejar que sus propios sentimientos de disgusto venzan su sentido de responsabilidad hacia los niños y no se dan cuenta de cuánto daño les están causando. Aun cuando un padre se haya portado mal, se

debe explicar esto a los niños, en términos generosos y comprensivos.

La abuela de Jane era una mujer encantadora. *"Algo estricta, pero muy cariñosa con nuestros hijos"*. Cuando los padres de Jane se divorciaron, la abuela cambió por completo. *"Se enojó con mamá y le dijo que éramos egoístas por haber echado a papá de la casa. Yo amaba a papá, pero sé que lastimaba a mamá y que se había ido sólo para estar con su novia. La abuela hizo que mamá llorara todavía más"*.

Esa abuela estaba sufriendo celos. Su propio matrimonio no había sido dichoso pero lo había tolerado "por los niños" y ahora envidiaba a su hija por terminar con su angustioso matrimonio. Para Jane, la conducta de la abuela era otro trauma más y muy triste.

Tom y sus hermanos tuvieron más suerte.

"La mamá de papá fue muy buena con nosotros cuando papá desapareció. Pensamos que tal vez estaría muy enojada y no querría vernos, pero viene siempre a visitarnos y hasta nos paga el colegio a mí y a mis hermanos. Es una abuela extraordinaria."

Dos pares de abuelos

A veces, cuando un divorcio tiene lugar y hay dos pares de abuelos, las peleas pueden trasladarse a la generación mayor: *"Mi madre y mi suegra no se hablaron más después de que mi marido y yo nos separamos"*.

A los hijos de una joven madre no se les permitía que vieran a sus abuelos paternos a menos que ella estuviera en casa. Los niños —de sólo cinco y seis años— odiaban esas visitas, siempre les causaban llanto y en lugar de construir relaciones cálidas, crecieron asociando a los abuelos con momentos muy infelices.

Cuando se deja afuera a los abuelos

Pero no siempre son la abuela y el abuelo los que causan la fricción, para nada. Con mayor frecuencia es uno de los padres el que, por estar ofendido o exacerbado, puede arruinar una maravillosa relación entre abuelos y nietos, por muchos, muchos años.

Una abuela solía ayudar a su nuera con sus dos niñas desde que comenzaron a caminar hasta que tuvieron siete y ocho años. Las iba a buscar todos los días al colegio y les daba la merienda, las ayudaba con la tarea y jugaba con ellas hasta que su madre llegaba a casa después del trabajo. A menudo se quedaban con ella los fines de semana. Las niñas adoraban a la abuela. Luego, sus padres se divorciaron y fueron llevadas a 100 millas de distancia:

"Solíamos escribirle a la abuela, pero mami nos dijo que no lo hiciéramos porque podría enojarla. Luego mami nos dijo que la abuela no nos quería más y que por eso no íbamos a recibir más noticias de ella. Sólo años después descubrimos que mamá había tirado todas las tarjetas de Navidad y de cumpleaños que la abuela nos había mandado. Creímos que nos había olvidado".

Los crueles sentimientos que un divorcio en malos términos puede causar...

Los derechos de los abuelos

Antes de la Ley de Hijos, de 1989, que rige en Gran Bretaña, abundaban desgarradoras historias de abuelos a quienes se les negaba todo contacto con sus nietos. La mayoría de los conflictos surgían por encarnizadas luchas familiares o por problemas con una autoridad local (ej.: niños puestos en guarda). Por eso, se formaron numerosas organizaciones de apoyo para que los abuelos pudieran ayudar a que se superasen estas trágicas dificultades. Esto contribuyó a que en la nueva Ley se pusiera énfasis en el uso

119

de los recursos beneficiosos de la familia "grande". Aunque no menciona específicamente a los abuelos, reconoce las relaciones de los niños con todos los miembros de la familia.

Actualmente, los abuelos pueden formular solicitudes al tribunal de residencia u otras instituciones. Será necesario que obtengan el permiso del tribunal para presentar la solicitud, pero estará siempre garantizada si hay una cuestión concreta a ser decidida. El grupo de Derechos de la Familia, la Federación de Abuelos o tu abogado podrán asesorarte. Todos aquellos que participan de estos casos, incluyendo a los trabajadores sociales, actualmente reconocen el potencial de la familia como un recurso valioso a ser considerado, como una alternativa inteligente a la guarda por una autoridad local. Pero, por desgracia, cuando hay conflictos interfamiliares, llegar a un resultado feliz para nietos y abuelos aún depende en gran medida de la cooperación de los padres.

Las emociones pueden superar a la razón, cuando estás amargamente ofendido. Cuando la esposa de Bill lo dejó con sus dos hijos de doce y trece, su suegro fue a visitarlos y les ofreció su ayuda. Bill se dio cuenta de que no podía hablar con él y les dijo a los niños que no vieran más al abuelo. Este hombre mayor estaba destrozado: *"Puedes haberte divorciado de mi hija y puedes divorciarte de nosotros si insistes, pero los niños no se han divorciado de nadie, ¿o sí?"*. Pero Bill fue inflexible y se llevó a los niños a vivir lejos de la familia de su madre. Fue su hijo de trece años quien hablando con su maestra pudo ponerles palabras a todas las trágicas consecuencias del divorcio de su padre: *"Papá dijo que mamá había dejado de amarlo, pero que ambos nos amaban a los dos. Mentía. Si nos amara me hubiera dejado ver al abuelo"*.

Una verdadera familia

Penny y Pat, mellizas de once años, tienen una foto de ellas y su hermano menor con sus padres y sus abuelos. Su madre odia verla, y una vez les preguntó: *"¿Por qué guardan todas esas horribles fotos de la familia de papá?".* Penny no dudó al responder: *"Nos recuerda esos días felices en que éramos una verdadera familia".*

Otro grupo de niños tristes, que extrañan lo que pudo haber sido una familia "grande" feliz, fuente "extra" de amor y cariño tan necesarios durante este angustioso período de sus vidas.

Proporcionar un lugar neutral de encuentro

Si después del divorcio ambos pares de abuelos pueden participar activamente, eso será de gran ayuda para todos. Inmediatamente después de la separación, a menudo pueden proveer un terreno neutral donde, antes de que se arreglen visitas regulares, un padre o una madre tengan la oportunidad de ver a sus hijos. Esto permite disminuir la extrañeza que el nuevo modo de vida puede despertar en los niños más pequeños, y mantener la continuidad del contacto que, de otro modo, podría interrumpirse. Un miembro de la pareja puede querer romper por completo con el otro y comenzar una nueva vida —incluso volver a casarse— y la idea de fijar días y horas para que los niños visiten a su ex esposo le resulta incompatible con sus planes. Algunos casi no hacen el esfuerzo. Entonces, si la abuela puede intervenir, ofrecer llevarse a los niños por un día para "ver a papá" o quedarse con ellos para que mamá salga mientras papá los visita, los niños disfrutarán este comienzo facilitado para futuros arreglos. En esta ocasión, la abuela no estará interfiriendo, sino contribuyendo al proceso de una correcta adaptación de sus nietos.

El rol del abuelo

Cuando el padre es el progenitor "ausente", sobre todo cuando la ausencia es prolongada o permanente, entonces el abuelo tiene un importante rol a desempeñar en la joven familia. Muchos hombres, de hecho, parecen ser mejores abuelos que padres. Los niños de la familia necesitarán esa autoridad masculina y también las niñas reconocerán esa disciplina y aprenderán el placer de ser mujeres. Nadie puede ocupar el lugar del progenitor, pero como Jo, de sólo nueve años, susurró al oído de su abuela: *"¡El abuelo es lo mejor, después de mamá y papá!"*

Asuntos conflictivos

"Quería que la abuela viniese a vernos, pero ella dice que no vendrá nunca más porque mamá tiene una amiga. Extraño a mi abuela."

Cuando una hija o un yerno se van de casa para formar una relación lesbiana u homosexual, surgen cuestiones muy conflictivas. Casi sin excepción, en estos casos, los abuelos tratan de intervenir. Son una inmensa fuente de tranquilidad, por proveer un hogar estable donde los niños puedan sentirse seguros. Pero a veces las emociones se van de control y estos esfuerzos pueden causar más daño que beneficio. Polly, de dieciséis años, estaba lo suficientemente madura para enfrentar la nueva vida de su madre y comentar que: *"Es la abuela la que necesita asesoramiento terapéutico, no yo".*

Mantener vivos los recuerdos

Después del divorcio, el sentimiento de pertenencia —de integrar una familia— quedará dañado, de modo que para el niño, escuchar historias acerca de la infancia de su madre o de su padre y aprender sobre sus antepasados puede devolverle en gran medida la autoestima y la confianza.

Es entonces cuando una abuela puede ayudar. Obviamente, es mucho pedir para un padre que saque viejos álbumes de fotos de días más felices, pero a la abuela le encantará mostrarlos. (*"Este es papá en el colegio, tenía la misma edad que tú tienes ahora"*).

Ser un "abuelastro"

Hemos visto el efecto que un divorcio familiar puede tener en los abuelos; las encarnizadas rivalidades y celos que pueden surgir. ¿Qué pasa cuando son abuelos momentáneos, de un grupo de nietos completamente extraños?

Puede haber rivalidad con los abuelos naturales, y quizás haya dificultad para que los niños los acepten. A menudo, los adolescentes no se toman el trabajo de reconocer a los "nuevos" abuelos, y los niños más pequeños pueden no estar preparados para aceptarlos. *"No quiero otra abuela, gracias. Ya tengo dos."* Robert, de siete años, fue muy educado, pero expresó sus comprensibles sentimientos por haber sido invadido por su nueva familia. (¡Con posterioridad, se volvieron buenos amigos!)

Otros niños, como Annabel, pueden sentirse muy "excluidos" si su madre se casa y hay otra familia grande, con varios niños. No había conocido a sus abuelos, quienes habían muerto antes de que ella naciera y su nueva "abuelastra" era maravillosa. Las dos se sentían muy bien juntas.

Otra vez, los abuelos pueden ayudar a muchos niños a resolver sus complicadas relaciones. Quizás hubo dos divorcios, y ahora hay dos o más grupos de hermanastros e incluso hasta algunos medio hermanos.

Una abuela hizo para su familia dos grandes cuadros murales de los árboles genealógicos. Buscando viejas fotos, registros y nombres, despertó el interés de los niños y cuando nació un bebé de las dos familias, lo inscribieron en ambos cuadros. *"Una especie de símbolo de la unión de las dos familias"* —dijo la madre. Así ayudó a esos niños a comprender que el nuevo casamiento no había hecho que ninguna de las dos familias perdiera su identidad.

Reemplazar a los abuelos

Siento que vale la pena decirles a los niños que no tienen abuelos —y hay muchos en esa situación—, que tíos y tías pueden ofrecer ayuda para llenar ese vacío y que ¡pueden ser tan buenos cronistas y contar tan buenas historias de la familia como los abuelos! Los vecinos también pueden ser maravillosos "abuelos sustitutos", brindando a los niños un renovado interés por la vida y por experiencias que de otra manera no tendrían.

9

¿CÓMO PODEMOS AYUDAR TODOS?

Querer ayudar, saber cómo ayudar y poder ayudar no es siempre lo mismo.

Obviamente, algunas familias necesitan mucha ayuda y otras, aparentemente, pueden arreglarse bien. Sin embargo, en ninguno de los dos casos se arreglarán lo bastante bien como para ayudar a sus hijos a que superen el trauma del divorcio y/o de un nuevo casamiento, sin que les queden cicatrices.

Básicamente, la mejor manera de comenzar a ayudar a un niño es que los padres busquen ayuda. Un adolescente elaboró esto, por sí mismo: *"Participar de un grupo de padres divorciados fue lo mejor que mamá podía hacer. Le ayuda estar con gente que sabe cómo es eso. Y nos facilitó las cosas a nosotros".*

Amigos y parientes

Trata de mantenerte cerca, sin entrometerte. Las familias recientemente divorciadas, aunque sean grandes, se sienten aisladas. Se oyó a una madre decir: *"Los amigos que no se han divorciado parecen desconfiar de mis hijos, como si pudieran ser una amenaza para sus familias".*

Si mamá está sola con su familia, averigua si tiene alguna relación con un hombre; si papá está tratando de manejarse solo, asegúrate de que tías y abuelas estén allí cuando sea posible. Corren el riesgo de que sus amistades se limiten a otras familias con un único progenitor y ambos hogares necesitan una pareja para que los niños puedan darse cuenta de que los matrimonios funcionan y pueden sobrevivir a las peleas.

En el momento de la ruptura, las personas se ponen muy susceptibles; han vivido una enorme conmoción que ha cambiado la estructura de sus vidas. Los padres están ocupados con sus problemas y les resulta imposible juzgar objetivamente lo que deben hacer por sus hijos. La Sociedad de Hijos, con su rica experiencia en familias, pone el énfasis en que, si estamos en verdad preocupados por el bienestar a largo plazo de los niños, debemos darles más apoyo a las familias. Eso se refiere a toda clase de familias: la familia original, la familia con un solo progenitor y la familia con padrastros e hijastros. Es necesario el apoyo, dicen ellos, de los colegios, las iglesias, el Estado (con políticas que tiendan a facilitar las cargas económicas), los tribunales (con sistemas jurídicos simples) y a través de una asistencia social más facilitada.

Inicialmente, el apoyo de amigos y de la familia grande puede ser suficiente, pero es necesario que sea confiable. *"Mi vecina nunca se entromete, pero sé que está allí si la necesitamos"*. Eso es amistad.

Los padres recientemente divorciados pueden obtener una enorme ayuda participando de alguno de los grupos de autoayuda que hay en toda Gran Bretaña, especialmente Gingerbread. La oficina local de Asesoramiento al Ciudadano tiene una lista de ellos. Cuando fui a las reuniones tuve la impresión de que son una gran red que brinda ayuda, amigos y diversión. *"Los eventos están programados para las tardes o los domingos, o cualquier momento en que aparece el sentimiento extraño de estar solo. Compartir los sentimientos, las ideas y también el cuidado de los niños, es de gran ayuda."*

En los primeros momentos, un progenitor puede no querer participar de algo tan social. De ser así, averigua (tal vez consultando a tu médico), si en tu barrio hay un "curso de experiencia en divorcio" o algo similar. Quizás, terapeutas de familia o psicólogos educacionales den charlas una vez cada quince días, y pueda abrirse la posibilidad de conversar acerca de problemas tanto con ellos como con otros padres. Como amigo, puedes ofrecerte para salir a pasear con los niños mientras los padres asisten a estas sesiones que pueden ser de gran ayuda y un camino positivo para enfrentar los problemas. Muchos tienen sesiones especiales para niños, agrupados según la edad.

También hay programas "comienza en casa", en algunas áreas del país, que suministran ayuda a las jóvenes familias. Reconocen las dificultades de los padres que tal vez tuvieron una pobre experiencia con sus propios padres y no recibieron ningún entrenamiento para desempeñar este rol que implica tanta responsabilidad; enfrentarlas solos puede amilanarlos.

A veces, los padres encuentran que los problemas son demasiado difíciles de manejar e imposibles de resolver sin ayuda profesional. Contarlos no es una cuestión de echar culpas, de sentirse culpable uno mismo o de ser un mal padre; más bien se trata de comprender y cambiar el patrón subyacente que hay detrás de la dificultad. Las sesiones de apoyo de las clínicas de consulta en la infancia, dirigidas por autoridades locales en salud, de los centros de terapia para familias, de los servicios de guarda provisional y de la asociación para el bienestar familiar, son medios para explorar y manejar estas cuestiones. Aunque ya esté al borde de la desesperación, tal vez encuentres que tu amiga es renuente a tomar estas medidas. Entonces, llévala a ver a su médico. Puede que le recomiende un psiquiatra, pero insiste en que antes, vaya a una clínica con orientación en familias, estas son cuestiones que la familia en su conjunto necesita trabajar.

Si vas a la casa de tu amiga, estarás en condiciones de

crear una relación de afinidad con uno o varios de sus hijos y ellos recibirán bien tu preocupación. Si puedes construir una relación segura y de confianza, tal vez el niño comience a hablarte de algún problema que no quiso contarle a su madre, por miedo a molestarla. ¡Nunca trates de ser su terapeuta y prejuzgues que el niño está "mentalmente perturbado" después de observar su conducta y diagnosticar esos alborotados dibujos! No es tan simple. Pero coméntale a su madre si sospechas una preocupación prolongada o muy perturbadora, para que juntas puedan conversar acerca del mejor lugar a dónde ir para obtener ayuda.

Padres

Si los hijos viven contigo

Ocuparse de los hijos cuando se está solo, requiere de la fuerza de un santo; si los proteges demasiado, se sentirán mal contigo y no aprenderán a ser independientes; si los ignoras y te concentras en tu trabajo (para alimentarlos) tal vez les falte la seguridad y el cuidado que desesperadamente necesitan.

Ten en mente que a los niños de familias con ambos padres, a menudo les falta afecto. No siempre las familias son esos lugares felices y seguros que nos gusta creer que son. Aunque estén felizmente casados, pocos padres son santos.

La única manera de sobreponerse es escuchar a los que también han atravesado esos oscuros y desagradables momentos: *"Compartir la pena de los niños, llorar juntos en momentos de angustia fortaleció nuestro vínculo. ¡Estamos bien!"*

Un terapeuta dijo que hay tres cosas que un padre solo debe recordar: reconocer la infelicidad del hijo; aliviarlo cuando está enojado; y asegurarle que las cosas *mejorarán*.

Puedes ayudar mucho a tus hijos simplemente estando allí

y manteniendo la vida del hogar tan parecida a la vieja rutina como sea posible. En estos momentos es de vital importancia desarrollar la autoestima de tu hijo, redobla tu esfuerzo en apreciar las pequeñas cosas y admira su talento, por pequeño que sea. ¿Eso suena a malcriarlos? Recuerda cómo te sentías a su edad. ¿En tu casa los adultos te excluían? ¿Eso te hacía sentir bien contigo mismo? Dales tu tiempo y tu atención y ellos también querrán dártelos a ti.

Vale la pena escuchar el punto de vista de los niños. La mayoría de ellos expuso sus angustias por vivir con un solo progenitor, en una lista según el siguiente orden:

1. Que mamá y papá se digan cosas desagradables.

2. Que mamá o papá no me dejen ver al otro progenitor, o que me hagan sentir culpable cuando lo veo.

3. Que todos nos sintamos desdichados todo el tiempo.

Sí, ¡esperan que seas un santo! Pero hemos visto en otros capítulos que, si puedes aliviar estas angustias, tú y ellos fortalecerán la relación.

Debes ser paciente. Puede aparecer el problema de que todavía no hayas logrado separarte "emocionalmente", además de legalmente. Recurre a tus amigos en busca de ayuda, si es posible tanto a casados como a solteros; tus hijos necesitan saber que la vida social es todavía posible para ti, quieren verte reír además de llorar.

No hay nada malo en llorar, por supuesto. Deja que los niños compartan tu llanto, les hará bien a todos. Un niño puede sentirse muy nervioso y querer llorar, el divorcio es una circunstancia traumática, nunca te rías de él ni lo castigues. Mejor dile: *"Muchos niños de tu edad tienen miedo de cosas como esta, ¡yo también lo tuve!"*. Haz que sienta que es natural y que está bien sentirse así y que estos sentimientos no durarán para siempre. Todas las reacciones de tus hijos, por

129

más intensas o perturbadoras que sean, deben ser tratadas con respeto y comprensión, nunca las critiques ni las censures.

¿Qué hacer si sientes que los miedos o las reacciones de un niño se incrementan? ¿Cómo saber si necesita ayuda profesional? Mantente atento por si aparecen signos de tensión emocional; no siempre son obvios. A menudo, un niño muy tranquilo puede ponerse somnoliento y dormir más que de costumbre. Otros signos a tener en cuenta son:

1. ¿Sus preocupaciones y su conducta no son apropiadas para su edad?

2. ¿Tiende a tener miedos y conductas de cuando era más pequeño, como succionarse el pulgar, mojar la cama o apegarse a ti o a un hermano mayor?

3. ¿Se niega a ir al colegio, tiene miedo al perderte de vista o duerme mal?

Si está en edad escolar, intercambia observaciones con su maestra y fíjate si su comportamiento en clase coincide con el que tiene en casa. Si ambos notaron cambios durante un período prolongado, consulta al médico. Sé firme. Jamás dejes que traten a tu hijo como un "niño problemático", es un niño *que tiene un problema*. La clínica pediátrica te ayudará a averiguar hasta qué punto el problema es serio. Puede que el niño no quiera ir, pero estará secretamente agradecido porque le prestas atención y desea sentirse "normal" nuevamente.

Si no vives con tus hijos

Las angustias de tu hijo, ocasionadas por el padre con quien vive, te afectarán también a ti. El anhela tu permiso para *disfrutar* del lugar donde vive y para poder mencionar el nombre de tu ex pareja sin temor a algún comentario. No quiere que lo "sometan a interrogatorio" acerca de su vida en la casa o acerca de los amigos de mamá o de papá. Quiere sentir que tú también representas un "hogar" para él y no solamente el lugar de entretenimiento de los sábados o domingos.

Esta es una situación muy difícil, y si tienes poca o ninguna cooperación por parte de tu ex pareja, es probable que no tengas una relación padre-hijo tan natural como deseas. Lo importante es demostrar y decir a tus hijos que tus sentimientos por él no han cambiado y no *cambiarán*.

Si tus hijos tienen menos de tres años, las visitas serán más fáciles, por ejemplo, visitas continuas de dos veces por semana. Muchos padres arreglan visitas de manera que después de que los llevan a casa, acuestan a los niños a dormir o los bañan cuando son un poquito más grandes; de manera de no perder la familiaridad y formar parte de su vida cotidiana. Tus hijos mayores tal vez quieran quedarse a dormir o permanecer los fines de semana largos en tu casa. Lo mejor será no tratarlos como visitas y crear un verdadero segundo hogar.

Tal vez sientas que para ti no es tan fácil ayudarlos como para el progenitor que vive con ellos. Esto es real, pero puedes ayudarlos haciendo que los momentos en que están contigo sean tranquilos y agradables. Ellos apreciarán estos instantes a *solas*. Al papá le dirán cosas que a la mamá no le dicen y viceversa. Por eso, sé una escucha receptiva. También es importante para ellos encontrarse con tus amigos; muchos niños se preocupan intensamente por un progenitor que vive solo.

Si sospechas que tu hijo está excesivamente angustiado o que tiene una conducta inusual, háblalo con el otro padre, escríbelo si la comunicación entre ustedes es dificultosa. No eches culpas ni critiques, simplemente muestra tu preocupación. De eso se trata la paternidad.

Si lloran al dejar a su mamá o al dejarte a ti, recuerda que

131

es porque los ama a los dos. Las despedidas se volverán menos traumáticas con el paso del tiempo, especialmente si vives cerca de ellos y las visitas se vuelven más flexibles.

Es importante mantener días y horas de visita tan a menudo como sea posible, que se conviertan en algo estable en la vida de tus hijos. Ellos lo necesitan muchísimo. Si a la inversa, a veces ellos eligen visitar amigos en lugar de ir a tu casa, no te sientas ofendido; darles libertad, es algo que todos los padres deben aceptar.

Un padre, con cinco años de experiencia de vivir lejos de sus hijos, dijo:

"Si te preocupas por los niños, como en verdad corresponde, pasa una cantidad de tiempo razonable con ellos. No puedo imaginarme ver a mis hijos solamente en vacaciones. Les hablo por teléfono casi todos los días y los veo a menudo. El contacto frecuente es verdaderamente importante para estar al tanto de lo que mis hijos piensan y hacen".

Si eres padrastro

Ambos padres, a menudo maduran después del divorcio. Es un momento en el que un hombre o una mujer finalmente "crece" y esto es un buen augurio para el segundo matrimonio. Los niños también pueden beneficiarse por tener a cuatro en lugar de dos adultos a quienes recurrir y de quienes aprovechar su experiencia a medida que crecen. Pero como se dijo, tu posición es la más difícil de todas para ayudar a tus hijos.

Debes recordar que, con seguridad, sus expectativas son completamente diferentes a las tuyas. Mientras que tú estás visualizando una nueva familia, ellos se preguntan cómo diablos van a poder vivir en medio de todas esas personas extrañas y *permanecer* leal a su otro padre. Todas las familias necesitan tiempo para crecer y la mejor manera de ayudarlas es explicándoles eso y luego estando *disponible para lo que necesiten*. A pesar de todas las exigencias de tu nueva familia, trata de hacerte un tiempo para ti y para cada uno de tus hijos, por separado, para luego tener tu propio espacio juntos. ¿Acaso es una idea intimidatoria? Te dará buenos resultados: puede evitar que tengas que recurrir a una ayuda externa para tus hijos y también puede ser la diferencia entre el éxito y el fracaso de tu segundo matrimonio.

Abuelos

Se hallan en una posición privilegiada para ayudar a los niños. Las ideas del Capítulo 8 les proporcionan pistas acerca de la influencia que pueden tener dentro de la familia.

Por supuesto, deben comenzar, como cualquier otra persona, por ayudar a los padres. Eso significa no criticar su divorcio, ni a su ex, no importa lo que sientan, eso puede ser inútil y destructivo.

Están disponibles para cuidar a los niños, o como un puerto seguro en la tormenta, para los problemáticos adolescentes y si es posible, como lugar "neutral" para las visitas de los padres. Si los abuelos "no toman partido" y no hacen aparecer a uno de los padres como "culpable", les estarán dando a los nietos la mejor ayuda que puedan recibir.

Si alguien de la familia impide que disfruten de este útil rol, les causará daño a niños inocentes.

Maestros

Muchos niños pueden ser ayudados con el apoyo de su conocido y respetado maestro, "más que por derivación directa a un psicólogo" (¡y este consejo viene de una psicóloga educacional!), ya que los maestros se encuentran en una posición inmejorable para evaluar a un niño y sus problemas. Tienen idoneidad y experiencia, y coordinándose con la ayuda profesional del colegio y también con los padres, con frecuencia son capaces de detectar cuándo y dónde es necesaria la ayuda.

Los padres todavía evitan comunicar a los colegios su divorcio, *"porque la maestra esperará que haya problemas"*. Eso es triste, los niños pueden sentirse "diferentes" y también se les puede hacer sentir que sus padres hicieron algo de lo cual deben avergonzarse. La primera ayuda de los maestros consiste en evitar que el niño se sienta culpable.

Queda a cargo de los directores la decisión de incluir educación para "vivir en armonía", junto con las otras materias extracurriculares; como así coordinarse con otras instituciones que puedan ofrecer ayuda. CRUSE, la organización para los viudos y sus hijos, actualmente ofrece Cursos de Asesoramiento para maestros, que pueden ser muy útiles para ayudar a los niños con esta otra pérdida, el divorcio. Los colegios y los maestros son de gran ayuda, por la estabilidad y seguridad que ofrecen en la perturbada vida del niño, pero pueden también brindar mayor apoyo para aquellos niños cuya angustia no ha sido advertida por los que viven en casa con él.

Adolescentes

Tal vez tus padres se separaron y tú estés harto, pareciera que a nadie le importa lo que haces y mucho menos lo que piensas. Reúnete con amigos que estén en la misma situación y fíjate cómo sobreviven a ella. Resiste a la tentación de sentarte frente al televisor y desanimarte; levántate y ponte en actividad. Pues ¿no te gusta el fútbol y odias nadar? Saca tu bicicleta o descarga energías en un gimnasio. ¿Pensaste alguna vez en participar de la Asociación de Caminantes? Allí puedes conocer gente excelente. Trata de hacer andinismo o aerobismo en grupo. Eso implica mucho esfuerzo, pero el ejercicio físico saca la depresión y es mucho mejor que tomar cualquier cosa que te pueda prescribir tu médico; ¡al menos despejarás tu mente de problemas, mientras estás suspendido en el extremo de esa soga! Y piensa lo bien que te vas a sentir después.

Supongo que es demasiado pedir, sugerirte que participes de un grupo de voluntarios para ayudar a niños discapacitados o a ancianos. Uno siempre se siente más tranquilo cuando ve que hay otras personas que están peor que uno. Recuerdo a un adolescente de quince años: pasaba por un momento difícil pues ninguno de los padres quería que viviera con él, ¡imagínate! Pero él fue con su colegio a un albergue para niños ciegos y vio que hacían andinismo y hasta navegaban. *"No estoy satisfecho con mis padres" —dijo— "pero se me pasó gran parte de la rabia. Me propuse no dejar que su conducta arruine mi vida".*

Si mamá no te deja ver a tu papá, o viceversa, fíjate si tus amigos o tus abuelos te pueden ayudar. Si tomas la iniciativa, tu mamá se dará cuenta de que hablas en serio y eso complacerá a tu papá. Intenta con tu Club de Jóvenes, o pregúntale a tu mamá si sus amigos de Gingerbread tienen hijos de tu edad. ¿Acaso perteneces a una iglesia o a un club deportivo? Aunque los momentos para estar solo son fundamentales para todos, tener una vida social activa es el mejor remedio cuando tu mundo parece estar dado vuelta.

Si tienes problemas físicos que te preocupen, como dolores de cabeza o una molesta erupción en la piel, puedes recurrir a la enfermera del colegio o a tu médico. Algunos condados tienen servicios especiales de asesoramiento para adolescentes (podrás ver algún aviso en tu colegio, en la biblioteca local o en la sala de espera del médico). Están preparados para ayudarte a ti y a tu familia a enfrentar cualquier angustia que siga a la ruptura.

Nunca dudes en recurrir a tus profesores, a la mayoría de

las personas les complace que les pidan ayuda. Pueden recomendarte la mejor ayuda profesional de tu ciudad. Busca en la guía telefónica el de la unidad de servicio civil; podrán informarte acerca del servicio de asistencia social más próximo a tu hogar. Y no evites a los funcionarios de guarda provisional, los hombres y mujeres que conocí no tienen nada que ver con los tétricos guardianes de menores "bajo custodia" que imaginamos; son un grupo de gente muy comprensiva y cordial, con amplia experiencia en familias divididas. Los encontrarás en la guía telefónica, en tribunales de condado. La oficina para el Asesoramiento del Ciudadano también puede proveer las direcciones y números de teléfono que necesitas.

Pregunta en tu biblioteca local por algún libro que pueda ayudarte con cualquier problema específico; vale la pena que compartas algunos con tus padres. Recibirán bien tu interés; recuerda que ellos también necesitan ayuda.

Si tienes hermanos menores, ¿qué te parece llevarlos a pasear? No entenderán tanto como tú acerca de relaciones y tal vez sea más fácil para ellos hablar contigo que con mamá o papá.

Ante todo, ten en mente que las cosas se calmarán. El divorcio no significa necesariamente decirle adiós para siempre a uno de los padres. ¿Quizás tú ya has comenzado a ver a tus padres como dos personas y a amar a cada uno de diferente manera? Ahora pasarás más tiempo a solas con cada uno de ellos, por eso pueden tomarse tiempo para llegar a conocerse más. El divorcio no es, ni mucho menos, el fin del mundo.

Escuchar a los niños

El divorcio puede ser el final de una familia, puede dejar amargura y depresión como secuela, y arruinar las esperanzas de los niños acerca de una paternidad feliz.

El divorcio puede ser un punto de partida: a menudo los padres se vuelven *mejores* padres; los niños se vuelven jóvenes atentos, responsables y maduros.

Las reacciones son tan variadas como las familias y la gente. Es bueno para todos escuchar a los niños:

Adolescente: *"Me alegra saber que una vez tú y papá se amaron".*

Niño de diez años: *"No quiero ir a visitar a mamá. Me duele mucho despedirme. No puedo soportarlo, papá".*

Niño de cuatro años: *"Mi hogar no está roto. Funciona".*

ÍNDICE

CLAVES PARA PADRES CON HIJOS ADOLESCENTES

DON H. FONTENELLE

Este libro ayuda a analizar los patrones de conducta y los problemas típicos de los adolescentes de hoy. También ofrece guías para entender algunas expresiones de la conducta que los padres ignoran y consejos prácticos sobre cómo aprender a vivir y a relacionarse mejor con su hijo diariamente.

CLAVES PARA CONVERTIRSE EN BUEN PADRE

DR. WILLIAM SEARS

Los padres tienen hoy un rol más importante que nunca. Un experimentado médico, pediatra y padre él mismo, comparte con los hombres todos los aspectos de la paternidad, desde asistir al parto a compartir con la mamá el cuidado del hijo. Sobre todo, este libro enseña que la función del padre da felicidad.

CLAVES PARA DISCIPLINAR A LOS HIJOS

DR. ESTEBAN NELSON SIERRA

Disciplinar a un niño es un largo camino que se comienza a recorrer desde el primer minuto de vida. Desde la premisa de que poner límites es algo que le damos a un hijo y castigarlo algo que le hacemos, el autor explica qué actitudes podemos tomar para que las normas no queden como una herida.

CLAVES PARA CRIAR UN HIJO ADOPTADO

KATHY LANCASTER

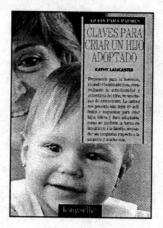

Preparación para la inserción, creando vínculos afectivos, desarrollando la autoidentidad y autoestima del niño, en sus etapas de crecimiento. La autora nos presenta una serie de actitudes y respuestas para criar hijos felices y bien adaptados, como así también la forma de integrarlos en la familia, responder sus preguntas respecto de la adopción y mucho más.